FULFILLMENT

FULFILLMENT

The New Covenant

THIERRY GUILLEMIN

RESOURCE *Publications* • Eugene, Oregon

FULFILLMENT
The New Covenant

Copyright © 2024 Thierry Guillemin. All rights reserved. Except for brief quotations in critical publications or reviews, no part of this book may be reproduced in any manner without prior written permission from the publisher. Write: Permissions, Wipf and Stock Publishers, 199 W. 8th Ave., Suite 3, Eugene, OR 97401.

Resource Publications
An Imprint of Wipf and Stock Publishers
199 W. 8th Ave., Suite 3
Eugene, OR 97401

www.wipfandstock.com

PAPERBACK ISBN: 979-8-3852-1756-4
HARDCOVER ISBN: 979-8-3852-1757-1
EBOOK ISBN: 979-8-3852-1758-8

VERSION NUMBER 05/16/24

To God alone be the glory

CONTENTS

Preface | xi
Au commencement | 1
In the beginning | 3
Incarnation | 5
Incarnation | 7
Marie-Mystère | 9
Mary-Mystery | 11
L'Au-Delà de l'homme | 13
The Beyond of man | 14
Le père | 15
The father | 18
Visitation | 21
Visitation | 23
La naissance | 25
The birth | 27
Les trois | 29
The three | 31
L'innocent | 33
The innocent | 36
Baptême | 39
Baptism | 41
Désert | 43
Desert | 45
Cana | 47
Cana | 48
Le filet | 49
The net | 51
Quand le Maitre vint | 53
When the Master came | 54
Crépuscule | 55
Dusk | 57

L'hémoroïsse | 59
The woman with a haemorrhage | 61
L'aveugle | 63
The blind | 65
Il était là | 67
He was there | 70
Le paralytique | 73
The paralytic | 75
Transfiguration | 77
Transfiguration | 78
Au bord du lac | 79
On the edge of the lake | 81
Lazare | 83
Lazarus | 85
La Pâques | 87
The Passover | 89
Hosanna ! | 91
Hosanna! | 92
Le Temple | 93
The Temple | 95
Les 'vaut-riens' | 97
The bullies | 98
Jeudi saint | 99
Maundy Thursday | 101
Gethsémani | 103
Gethsemane | 106
Le jardin des olives | 109
The olive garden | 113
Judas | 117
Judas | 126
Pierre | 135
Peter | 137
Chemin de torture | 139
Stations of torture | 141
Le forgeron | 143
The blacksmith | 145

Le soir du Grand Amour | 147
The evening of Great Love | 149
La Passion | 151
The Passion | 153
Au fond du noir | 155
Deep in the dark | 157
Sur la croix | 159
On the cross | 162
Le fruit | 165
The fruit | 167
La rançon | 169
The ransom | 171
Le sacrifice d'expiation | 173
The sacrifice of atonement | 176
Le deuxième jour | 179
The second day | 181
Sanctus | 183
Sanctus | 186
Voici l'Aujourd'hui | 189
Here is the Today | 191
Le Victorieux | 193
The Victorious | 195
Misericorde-Dieu | 197
Mercy-God | 199
Le soleil et le grain | 201
The sun and the grain | 205
L'Agneau s'avança | 209
The Lamb came forward | 212
Pentecôte | 215
Pentecost | 217
La grande liturgie | 219
The great liturgy | 221
Apôtres | 223
Apostles | 225
Racontez-nous | 227
Tell us | 230

Travail d'enfantement | 233
Labor of birth | 235
Viens ! | 237
Come! | 238
R.I.P. | 239
R.I.P. | 240
Grain de lumière | 241
Bean of light | 243
Apocalypse | 245
Revelation | 247
(Sans titre) | 249
(Without a title) | 253

PREFACE

THE POEMS OF *FULFILLMENT* are a meditation on the texts of the New Testament. Poetic language, with all its evocative force, allows to bring out the splendor of the epic of salvation told in the Book. They also open the reader to a rediscovery of these texts, with a fresh perspective, often offering new keys to interpretation. They continue the work begun with the publication of the first collection: *Beginnings*, dedicated to the First Testament, although they form an independent book.

The collection is divided into three parts, each marked by a different arrangement of the text: left aligned for the poems related to the life of Christ up to and including his Passion; center aligned for the poems related to his resurrection and the events that followed; right aligned for the poems related to eschatology[1]. This physical progression in disposition thus highlights the progression of salvation history.

Like the poems in *Beginnings*, these writings were born in a strictly contemplative environment, and are an invitation to go ever further in meditation of the Scriptures. Reading them, however, does not require knowledge of the Bible. For those who do not want to go any further, they can be appreciated as a great poetic epic. For those who would like to go further but do not yet know the New Testament, they can be a good introduction to its reading. Those who already know the Scriptures will draw material for a renewed meditation on the texts, that may awaken a desire for prayer. Indeed, poetry is an excellent door opening the heart to contemplation.

As with *Beginnings*, each poem is given in its original language (French) and its English translation. Unfortunately, the latter does not convey the musical quality of the original composition. The

---

1. "Eschatology" is what concerns the final destiny of individuals, humankind and the whole creation.

English reader will, however, always find the general aesthetic of the poems, with their vivid images and the intense emotions.

My thanks go, once again, to all those who enabled, directly or indirectly, the birth of these poems through their encouragement.

May this book be for the reader the beginning of a new or deeper journey with Christ.

Thierry Guillemin

AU COMMENCEMENT

Au commencement
était le chant du Nouveau-Né
premier mot du Poète
vibrant des harmoniques de la vie

Son cri de victoire
est un rugissement plein d'un émerveillement
qui s'ouvre au Souffle d'un Nouveau Monde
et les ténèbres ne peuvent le retenir
dans leurs doutes et leur peurs
car il les brûle de sa brillance

Il appelle de ses notes le Matin
comme un coq acclamant trois fois
la miséricorde
taillant en pièces toute frayeur

Et cet accord parfait de sons triomphants
remplit le silence
d'une beauté d'arc-en-ciel

Ravissement de joie
délices de l'instant

Le prélude a éclos
un nouvel achèvement s'ouvre

comme une invitation
proclamation d'une Bonne Nouvelle

IN THE BEGINNING

In the beginning
was the song of the Newborn
first word of the Poet
vibrating with the harmonics of life

This cry of victory
is a roar full of wonder
that opens to the Breath of a New World
and the shadows cannot not hold it
in their doubts and their fears
for it burns them with its shine

It calls from its notes the Morning
like a rooster cheering three times
mercy
cutting into pieces every fright

And this perfect harmony of triumphant sounds
fills the silence
with the beauty of a rainbow

Rapture of joy
delights of the moment

The prelude has blossomed
a new completion opens

as an invitation
proclamation of Good News

INCARNATION

Son cœur de fille d'Israël est plaine d'espérance labourée de souffrance
ses mains filent le désir des hommes dans les lignes du Livre
son regard, tel un cierge, fixe la profondeur de chaque mot, pénétrant l'invisible

Le temps de la Grande Œuvre
est proche
l'univers invisible vibre
ardant d'attendre

Et les paroles prennent feu
le messager parle

Dans la nuit souffle un murmure, respir d'amour
où le « oui » de la Femme
résonne de celui du Fils
prononcé dans son éternité

Sur l'Arche se pose la tendresse du Père
baiser scellant l'Alliance

La Vierge
engendrée telle dans le silence du Verbe
engendre le Verbe du Silence

La Parole prend terre en ton cœur, Marie
dans le Verbe en-chair-né
le pétri-de-poussière resplendit de beauté
accomplissement de notre humanité

Grâce et sang se mêlent en luit
en unique louange

Au mystère de sa chair
brûle
Dieu

INCARNATION

Her heart of Israel's daughter is plain of hope plowed with suffering
her hands spin the desire of men in the lines of the Book
her gaze, like a candle, stares the depth of each word, penetrating
   the invisible

The time of the Great Work
is close
the invisible universe vibrates
eager in its wait

And the words catch fire
the messenger speaks

In the night there is a whisper, breath of love
where the "yes" of the Woman
resonates with that of the Son
pronounced in his eternity

On the Ark rests the tenderness of the Father
kiss sealing the Alliance

The Virgin
generated as such in the silence of the Word
generates the Word of Silence

The Name takes clay in your heart, Mary:
in the Word in-fleshed[1]
the kneaded-of-dust shines with beauty
fulfillment of our humanity

Grace and blood mingle in him[2]
in one praise

In the mystery of his flesh
burns
God

---

1. Neologism to translate the neologism of the French text that literally means "in-flesh-born."
2. "Glow" in the French text, for a play of words with "him" that have the same pronunciation.

MARIE-MYSTÈRE

Marie-Mystère
vierge de beauté
cristal-vitrail de la mère
où la liesse-flamme du Soleil
vient danser en tes eaux
sa farandole de reflets-follets

Dans les profondeurs
de ton unique transparence
la lune contemple
la plénitude de son mystère
brillant uniquement de l'Astre de l'Aube

Miroir de la fidélité du ciel
les vagues de tes pleurs
joie et compassion
filent la trame de ta robe
image de l'Église

L'onde de ton amoureux murmure
sans cesse fredonné
s'étale en la longueur du temps
hymne aux sept couleurs

Colonne cariatide
ciselée dans la splendeur de Dieu
cathédrale liquide étincelante du Verbe en toi

Œil de la terre
tout entier tourné vers l'Éternel
poésie du Grand Peintre
pulsant en ton regard
l'infini des nuances de
son immensité

Salut, réjouis-toi
réjouis-toi, Marie
parce que tu es
Marie
infiniment unique
unique en Son infini « oui »

MARY-MYSTERY[3]

Mary-Mystery
virgin of beauty
vitreous crystal of the mother
where the jubilation-flame of the Sun
come and dance in your waters
its farandole of shimmering reflections

In the depths
of your unique transparency
the moon contemplates
the fullness of its mystery
shining only from the Star of Dawn

Mirror of heaven's faithfulness
the waves of your tears
joy and compassion
spin the weft of your dress
image of the Church

The flow of your loving whisper
endlessly hummed
spans the length of time
seven-colored hymn

---

3. The poem is built on a French play of words: in that language, "mother" has the same pronunciation as "sea."

Caryatid column
chiseled in the splendor of God
liquid cathedral sparkling of the Word in you

Eye of the earth
wholly turned towards the Eternal
poem of the Great Painter
pulsing in your gaze
the infinity of shades of
his immensity

Greeting, rejoice
rejoice, Mary
because you are
Mary
infinitely unique
unique in His infinite "yes"

L'AU-DELÀ DE L'HOMME

La conception de l'Au-Delà de l'homme
dépasse les lois de l'humaine nature
quand l'Unique est conçu en corps
sans l'union de deux corps
faisant d'elle la mère sans semence de père
faisant de lui le père sans semencer la mère

A l'aurore des temps
un couple introduit la
mort
dans leur refus de Dieu

A la nouvelle aurore
un couple donne la
Vie
dans la confiance d'un « oui »
prononcé dans l'obscur

Au couple de l'infidélité
répond la fidélité du couple de la
foi

Et tout recommence
nouveau

THE BEYOND OF MAN

The conception of the Beyond of man
exceeds the laws of human nature
when the One is conceived in body
without union of two bodies
making her the mother without a father's seed
making him the father without seeding the mother

At the dawn of time
a couple introduces
death
in their refusal of God

At the new dawn
a couple gives
Life
in the trust of a "yes"
pronounced in the dark

To the couple of unfaithfulness
responds the fidelity of the couple of
faith

And everything begins again
new

LE PÈRE

Dieu ne voulut point ce mystère sans toi
Joseph
homme au profond secret
car c'est à la vierge déjà promise
terre de l'élection
qu'il annonça le prodige prêt à s'accomplir

Dans le cœur de l'un
pulsait le cœur de l'autre
le nom des deux étaient gravés en chacun
épousant les moindres vibrations de l'autre

Quand l'épousée de Dieu dit son « oui » à l'annonce
et le Verbe saisit chair
Joseph, tu étais là
artisan du silence
invisible présence comme icône du Père

Et son « oui » était déjà plein du tien
et ton « oui » déjà se disait dans le sien

C'est dans le silence de votre amour
fleuve de tendresse vous unissant sans cesse
dans l'étreinte de vos regards
tournés ensemble vers l'Infini

que Marie conçut le Verbe
la Lumière-Vie

En toute vérité
le Père te choisit pour père
choisissant pour son Fils
d'être enfant de ton unique aimée
de ta déjà-donnée

Tel fut le grand mystère qu'ouvragea
le Premier Charpentier
le Façonneur des mondes
te plaçant épiphanie de lui
auprès de son Unique
reflet de sa bonté

Puis quand vint le temps de l'horreur
quand le Fils fut tué sur l'arbre de torture
quand il remit son esprit à son Père
que son âme déchirée déchira le voile
qui lui cachait sa présence
il était en détresse de ton absence et mort
comme il était en détresse de l'apparente absence
et mort de son Dieu

Oui, Joseph, dans le dessein divin
tes bras furent les siens pour porter
celui qui te portait en lui
tes lèvres furent les siennes pour embrasser
celui qui t'embrassait en lui

pour dire son amour
au Verbe de l'amour

Et quand les mains du petit d'homme-Dieu
frétillantes de vie
babillait ses « Abba »
en jouant des boucles de ta barbe
c'est le Fils, l'Unique, en son éternité
qui jouait de l'Esprit avec le Père

THE FATHER

God did not want this mystery without you
Joseph
man of the deep secret
for to the virgin already promised
land of the election
he announced the wonder ready to be accomplished

In the heart of one
beat the other heart
the name of both was engraved in each
embracing the slightest vibrations of the other

When the bride of God said her "yes" to the announce
and the Word seized flesh
Joseph, you were there
craftsman of silence
invisible presence like a perfect Father icon

And her "yes" was already full of yours
and your "yes" was already said in hers[4]

---

4. Differently from a common interpretation, Matthew 1:20 can be understood that Joseph was now afraid to take Mary as his wife *because* he already knew (most probably from her) that she was pregnant from the Holy Spirit. That is the reason why he does not feel able to carry on with their project of marriage, and therefore becoming the father of the Messiah. The angel will tell him that it is still God's will for him to marry her and take this role.

In the silence of your love
river of tenderness uniting you
in the embrace of your eyes
turned together towards the Infinite
Mary conceived the Word
the Light-Life

In all truth
the Father chose you as a father
when he chose that his Son
would be child of your only beloved
of your already-given

Such was the great mystery that crafted
the First Carpenter
the Shaper of the worlds
placing you epiphany of him
near his Child
reflect of his goodness

Then when came the time for horror
when the Son was killed on the tree of torture
when he committed his spirit to his Father
and his torn soul tore the veil
which hid his presence from him
he was distressed by your absence and death
as he was in distress from the apparent absence
and death of his God

Yes, Joseph in the divine design
your arms were his to carry the One

who carried you in him
your lips were his to kiss he who kissed you in him
to say his love
to the Word of love

And when the hands of the child-God
wriggling with life
babbled his "Abba"
in playing with the curls of your beard
it is the Son, the Unique, in his eternity
who played of the Spirit with the Father

VISITATION

Réjouis-toi
enfant de grâce
ton sauveur est là

Et ta joie est la sienne
et sa joie est la joie du Divin
accomplissant l'attente
et votre joie remplie vos mères
devenant chant de vie
sur l'infini des temps

Tu es béni comme annonceur
du royaume qui vient
aboutissement du chemin d'espérance

L'indéfectible foi d'Israël
resplendit en toi

En accueillant le Tout
tu délaisseras tout
faisant du vide
le lieu de l'Aube qui vient

Le désert sera ta demeure
car sa présence remplira ton désert
lieu des nouvelles fiançailles

Ami de l'Epoux
tu bondis de joie à la venue des Noces

Baptisé dans les larmes de Dieu
pour le pécheur
tu baptiseras le pécheur
dans la compassion du Sauveur

La terre aride attends ta voix
pour s'abreuver au fleuve
pour se vêtir d'une foule
comme d'une robe nuptiale
un peuple quittant l'exil
et revenant au jardin

Le Chemin est prêt
il est temps
maintenant
prépare le chemin

VISITATION

Rejoice
child of grace
your savior is here

And your joy is his
and his joy is the joy of the Divine
fulfilling the expectation
and your joy filled your mothers
becoming song of life
on the infinite of times

You are blessed as announcer
of the coming kingdom
culmination of the path of hope

The unfailing faith of Israel
shines in you

Welcoming the All
you will leave everything
transforming the void in
the dwelling of the coming Dawn

The desert will be your home
for his presence will fill your desert
place of the new engagement

Friend of the Bridegroom
you jump for joy at the coming of the Wedding

Baptized in the tears of God
for the sinner
you will baptize the sinner
in the Savior's mercy

The barren land waits for your voice
to drink from the river
to be clothed with a crowd
like a bridal wear
a people coming out of exile
and returning to the garden

The Way is ready
it is time
now
prepare the way

LA NAISSANCE

Ils laissèrent le bruit de l'auberge
ce n'était pas un lieu pour eux
car au milieu du silence
naît la Parole

Dans la maison-du-pain
l'hostie de vie
vint au monde
comme une action de grâce

Les bras en croix dans la mangeoire
offert
il accueillit
les appauvris du monde
rejeté avec eux

L'ange avait chanté la Bonne Nouvelle
de la Gloire de Dieu à présent sur la terre
comme elle était au plus haut des cieux
pour porter la paix aux aimés du Père

Le nouveau-né donnait
la nouvelle naissance

Il était nuit
mais l'aube s'annonçait déjà

Le printemps bêlait de blanche taches
agneaux se préparant à la Pâques

THE BIRTH[5]

They left the noise of the inn
it was no place for them
for amid the silence
is born the Word

In the house-of-bread[6]
the host of life
came into the world
as a thanksgiving[7]

Arms outstretched in the manger
offered
he welcomed
the impoverished of the world
rejected with them

The angel had sung the Good News
of the Glory of God now on earth
as he was in the highest heaven
to bring peace to the Father's beloveds

---

5. The poem uses double meanings existing in the Greek text of the Nativity story (Luke 2). It places also the event during spring, as many biblists think it happened (based on the fact that shepherds were with their sheep outside). Bethlehem was also one of the most important providers of lambs for the sacrifices of the Passover at Jerusalem.

6. Meaning of "Bethlehem" in Hebrew.

7. Meaning of the Greek word "Eucharist," used to designate the Holy Communion.

The newborn was giving
the new birth

It was night
but the dawn was already coming

The spring bleated with white spots
lambs preparing for the Passover

LES TROIS

Ils venaient de l'exil du monde
cherchant dans leur cœur la terre des promesses
ne connaissant encore ce qu'ils venaient trouver
mais pleins d'une lueur d'espoir
brillante comme un astre

Ils semblaient perdus
la Parole illumina le chemin
la quête de leur cœur
s'achèverait dans un resplendissement de joie

Les trois âges
adorèrent l'enfant d'éternité
offrant leur intime en leurs dons
rêves et projets resplendissant comme or
désirs d'œuvres pour Dieu précieux comme encens
souffrances cachées amères comme myrrhe

Ils devaient tout lui laisser
pour le pouvoir accueillir
lui
seules des mains vidées de tout
recevraient la promesse

Et puis ils repartirent
transfigurés dans la lumière de l'enfant

promesses de futur
laissant derrière eux
la route de leur vieilles habitudes

Une nouvelle Voie s'ouvrait devant eux
liberté d'un Royaume nuptial

THE THREE

They came from the exile of the world
seeking in their hearts the land of promises
not yet knowing what they had come to find
but full of a glimmer of hope
shining like a star

They seemed lost
the Word lighted the path
the search of their hearts
would end in resplendence of joy

The three ages
adored the child of eternity
offering their intimate in their gifts
dreams and projects shining as gold
desires of works for God precious as incense
hidden sufferings bitter like myrrh

They had to give him everything
to be able to welcome
him
only hands empty of everything
would receive the promise

And then they left
transfigured in the light of the child

promises of the future
leaving behind
the road of their old habits

A new Way was opening in front of them
the freedom of a nuptial Kingdom

L'INNOCENT

Aux Rachel du monde

Je suis venu te voir, mon enfant
je suis venu t'embrasser encore une fois
tu vois, je ne t'oublie pas

Regarde
je t'apporte des fleurs
et aussi un cadeau
pour toi

Oui, mon petit
tu le sais
aujourd'hui c'est ton anniversaire
tu as trois ans

Je suis venu te voir un moment
t'embrasser encore une fois
mon tout petit
te serrer contre moi
poser ta petite tête qui chante
contre mon sein stérile

Tiens
je t'envoie mon baiser avec la main
comme tu me faisais avec ton beau sourire
ton si beau sourire

Si longtemps
nous t'avions attendu

Je suis ici pour toi
mon tout-petit
tu vois, ta maman ne t'oublie pas
elle ne pourra jamais t'oublier
mon enfant
jamais

Tiens, c'est ton cadeau
attends
je te l'ouvre
regarde
un petit ours comme celui que tu aimais

C'est moi qui te l'ai fait
mon petit
il est pour toi
le premier était trop déchiré
trop taché
ton ami avait voulu te protéger

Et regarde encore
je t'ai fait aussi un petit gâteau
le voilà
en forme de cœur
tu es content?

Tu vois, mon enfant
ta maman est là
elle ne t'oublie pas

Moi aussi, tu sais
je voulais te protéger
comme papa
n'oublies pas de l'embrasser pour moi

Aujourd'hui
c'est ton anniversaire
tu as trois ans

Moi aussi
j'aurai voulu
comme papa

Ta maman ne t'oubliera jamais

THE INNOCENT

To the Rachel of the world

I came to see you, my child
I came to kiss you once again
you see, I don't forget you

Look
I bring you flowers
and also a gift
for you

Yes, my little one
you know
today is your birthday
you are three years old

I came to see you for a while
kiss you one more time
my little one
hold you against me
lay your singing little head
against my sterile breast

Here
I send you my kiss with my hand
like you were doing to me with your beautiful smile
your so beautiful smile

So long
we waited for you

I am here for you
my little-one
you see, your mummy doesn't forget you
she will never forget you
my child
never

Here is your gift
hold on
I open it to you
look
a little teddy bear like the one you loved

I made it myself
my little one
it is for you
the first one was too torn
too stained
your friend wanted to protect you

And look again
I also made you a cupcake
here it is
heart-shaped
are you happy?

You see
my child

your mummy is here
she doesn't forget you

Me too, you know
I wanted to protect you
like daddy
don't forget to kiss him for me

Today
it's your birthday
you are three years old

Me too
I would have liked
like daddy

Your mummy will never forget you

BAPTÊME

Sur la rive
semblable à un axe d'éternité
un arbre sec au fruit volé
ses branches tendues comme un cri de deuil
projetait sa mort sur le fleuve

Le temps coulait
et l'eau se referma comme un tombeau
le monstre liquide avait tout englouti
tel un déluge

Passèrent un temps, deux temps
et la moitié d'un temps
quand l'Engendré apparut

Le ciel s'effaça
déchiré de stupeur

L'oiseau des origines plana sur l'homme
comme sur l'arche d'un nouveau commencement
prêt à saisir un peuple sur ses ailes
pour le conduire au désert de l'Alliance
quarante jours

Baptisé dans les eaux
l'Agneau muet baptisa les eaux

De la tête
l'onde de résurrection ruisselait
sur le corps entier
emportant le poids de la vieillesse
vers la mer déjà morte

Le printemps s'annonçait
et l'ami de l'Époux restait là
écoutant une voix qui tonnait en silence
le ravissant de joie

Les disciples regardaient son doigt tendu
vers l'Homme en prière
dans leur cœur naissait une demande
« Où demeure-t-il ? »

Quelque part
une épouse se préparait aux Noces
et les quatre horizons frémissaient d'attente
« Venez et voyez »

BAPTISM

On the shore
similar to an axis of eternity
a dry tree with a stolen fruit
its branches outstretched like a cry of mourning
projected its death onto the river

Time was flowing
and the water closed like a tomb
the liquid monster had swallowed everything
alike a deluge

Passed a time, two times
and half a time
when the Begotten appeared

The sky faded
torn by amazement

The bird of origins hovered over the man
as on the ark of a new beginning
ready to seize a people on its wings
to lead them to the desert of Covenant
forty days

Baptized in the waters
the silent Lamb baptized the waters

From the head
the wave of resurrection streamed
over the whole body
carrying the weight of old age
towards the sea already dead

Spring was coming
and the Bridegroom's friend stayed there
listening to a voice that thundered in silence
ravishing him with joy

The disciples looked at his finger pointed
at the Adam in prayer
in their hearts was born a request
"Where does he stay?"

Somewhere
a bride was preparing for the Wedding
and the four horizons quivered with expectation
"Come and see"

DÉSERT

Désert

Solitude du cri
silence creusant le cœur aux abîmes
nudité de l'être dévoilé
en pauvreté
sans fard
rien ne s'y peut cacher

Désert

Lieu de la rencontre
des désirs discordants
crucifiant l'âme
initiation de la fidélité
épreuve de l'infidélité

Désert

Trône du Désacordeur
grôulant dans l'ombre du passé
pour détruire l'harmonie
immensité où le mal ne sommeille pas
ses yeux mentant à la lumière

Désert

Tabernacle des embrasements
invisible sommets de l'Esprit
où l'Alliance s'accomplit
en grâce
où la création renait
de Vie

Désert

DESERT

Desert

Loneliness of the cry
silence digging the heart to the abyss
nudity of the being unveiled
in poverty
without makeup
nothing there can hide

Desert

Meeting place
of the conflicting desires
crucifying the soul
initiation of faithfulness
trial of unfaithfulness

Desert

Throne of the Detuner[8]
growling in the shadow of the past
to destroy harmony
immensity where evil does not sleep
its eyes lying to the light

---

8. Neologism like in the French text.

Desert

Tabernacle of divine fires
invisible peaks of the Spirit
where the Covenant is accomplished
in grace
where creation is reborn
with Life

Desert

CANA

Le vin coule
nouveau
renouvelant les corps usés
comme une injection de sang d'Alliance

Les larmes de l'histoire
emplissant à ras-cœur
nos vies durcies comme pierre
sont devenues
joie du Royaume

L'heure des Noces attendues
a enfin retenti
proclamation d'Heureuse Nouvelle

Et l'Épouse resplendit
d'éclats de résurrection
projetés du futur

Ils voient
ils savent
ils croient

La Gloire s'est manifestée

C'est le troisième jour

CANA

The wine flows
new
renewing worn out bodies
like an injection of Covenant blood

The tears of history
filling to the brim of hearts
our lives hardened as stone
have become
joy of the Kingdom

The time for the expected Wedding
has finally sounded
proclamation of Good News

And the Bride shines
with glares of resurrection
projected from the future

They see
they know
they believe

The Glory has manifested

It is the third day

LE FILET

Sur la rive du temps
le filet
gisait
dans le silence

Hier
plein de nageoires
frétillantes de joie-miracle
aujourd'hui
vidé de mains
pour le jeter aux flots

L'appel avait été
lancé au cœur
comme une main tendue
riche de promesse

Les pas s'étaient placés
dans les mots du Maitre
imprimant de leur empreinte
la mémoire

Demain
le filet s'étendrait
aux quatre coins du monde

L'histoire était en marche
suivant le charpentier
pour bâtir une cité nouvelle

THE NET

On the shore of time
the net
lied
in the silence

Yesterday
full of fins
quivering with joy-miracle
today
empty of hands
to throw it to the waves

The call had been
launched to the heart
like an outstretched hand
full of promise

The footsteps were placed
in the words of the Master
printing with their footprints
the memory

Tomorrow
the net would stretch
around the world

History was moving on
following the carpenter
to build a new city

QUAND LE MAITRE VINT

Quand le Maitre vint
il entraina la vie dans une farandole
saisissant de sa main

Le lépreux déchiré par les épreuves et l'horreur de la foule
le malade couché dans l'attente d'une nouvelle aurore
le muet emmuré dans un cri inaudible
la fillette éteinte de toute sa jeunesse
l'épileptique dont les jours étaient rongés de hurlements sans fins
le sourd enchainé dans un chant inaudible
le paralytique emprisonné dans une statue de chair
l'aveugle aux yeux creusés comme tombeau abandonné
la fille de l'étrangère haletant sa solitude
le démoniaque gémissant après mort qui s'éloignait sans horizon
le boiteux dont l'espérance mourait sans fin en un saut impossible
l'adolescent privé d'avenir, gisant dans les larmes d'une mère
la femme courbée dans l'esclavage d'une société bâtie sans elle
l'homme à la main desséchée de joie
l'hémorroïsse saignant son futur sans trêve
et l'ami endormi dans une nuit sans aube

Quand le Maitre vint
il entraina la vie dans une farandole

Et la farandole s'engouffra dans un matin
qui s'épanouit en éternité

WHEN THE MASTER CAME

When the Master came
he led life in a farandole
grasping with his hand

The leper torn by ordeals and the horror of the crowd
the patient lying in wait for a new dawn
the mute immured in an inaudible cry
the girl extinguished of all her youth
the epileptic whose days were eaten away by endless howls
the deaf chained in an inaudible song
the paralytic imprisoned in a statue of flesh
the blind man with eyes hollowed out like a tomb abandoned
the stranger's daughter panting her loneliness
the demoniac groaning after a receding death without horizon
the lame man whose hope died endlessly in a leap impossible
the teenager deprived of a future lying in the tears of a mother
the woman bent by the slavery of a society built without her
the man with the hand withered of joy
the woman hemorrhaging her future relentlessly
and the friend sleeping in a night without any dawn

When the Master came
he led life in a farandole

And the farandole engulfed in a morning
blossoming in eternity

CRÉPUSCULE

Il était crépuscule

Le soleil s'égouttait en l'océan
astre blessé de beauté
tandis que le silence se posait sur l'horizon

La matière soupirait un secret
et comme la caverne d'un œil aveugle
l'espace se creusait en profondeur
à faire frissonner l'âme

La cendre du temps s'allumait en mille étoiles
et la coupole du ciel
renversée comme un calice
offrait à la terre son mystère

Sur le mont
dressé entre les étendues d'eau de la terre et du ciel
comme les séparant
tout en les unissant
il priait

Les mots s'illuminaient
en s'éteignant
et se muaient en flammes
en se faisant silence

devant
lui

Il savait
l'obscurité des nuits
n'existe que dans nos yeux
tout est lumière
empli de Sa présence

DUSK

It was dusk

The sun was dripping in the ocean
wounded star of beauty
while the silence rested on the horizon

Matter sighed a secret
and like the cave of a blind eye
the space was widening in depth
to make the soul shiver

The ashes of time lit up like a thousand stars
and the dome of the sky
overturned like a chalice
offered to the earth its mystery

On the mount
standing between the stretches of water of earth and sky
like separating them
while uniting them
he prayed

The words lit up
when turning off
and transformed in flames
by becoming

silence
in front of
him

He knew
the darkness of the nights
only exists in our eyes
everything is light
filled with His presence

L'HÉMOROÏSSE

La vie s'enfuyait d'elle
en une hémorragie de sens
pourquoi elle

Elle se vidait d'espoir
goutte après goutte de prières
demeurées muettes de réponses

Trappée dans la solitude de son corps
saignant son lendemain
emmurée dans la lente agonie sans mort
d'une détresse hurlant ses cris muets
à chaque respir
elle était emportée loin d'elle-même
loin d'un passé meilleur
à présent presque oublié
comme ses amis

Elle était seulement l'hémorroïsse
sans nom
ni famille
seule

Quand soudain
il
était

là
dressé droit dans la lumière d'un nouveau jour

Lentement
elle s'approcha
tremblante
étendant sa main
effleurant le bord de son vêtement

Et elle sut
en son corps
le calvaire s'était tu

Il la regarda

Ses yeux avaient la profondeur
d'une nouvelle vie
donnée en abondance de grâce

Elle y puisa le chant de l'à-venir

Son histoire s'était élargie
aux dimensions d'un nouveau monde

THE WOMAN WITH A HAEMORRHAGE

Life was slipping away from her
in a hemorrhage of meaning
why her

She was emptying herself of hope
drop after drop of prayers
remained silent of answers

Trapped in the solitude of her body
bleeding her tomorrow
walled in the slow deathless agony
of a distress screaming her silent cries
with every breath
she was carried away from herself
far from a better past
almost forgotten now
like her friends

She was only the woman with a hemorrhage
without a name
a family
alone

When suddenly
he
was

there
standing upright in the light of a new day

Slowly
she approached
trembling
stretching out her hand
touching the edge of his garment

And she knew
in her body
the ordeal kept quiet

He looked at her

His eyes had the depth
of a new life
given in abundance of grace

She drew in it the song of the future

Her story had expanded
to the dimensions of a new world

L'AVEUGLE

Son univers n'était que ténèbres
un royaume de sons
sans formes, sans couleurs
un océan de bruits confus
chaos dans lequel il se noyait
emporté vague après vague
plus loin
sans savoir où

Quand des mains de tendresse
se posèrent
comme des caresses
une parole de chair créant le futur
sur ses yeux déjà morts

Pleines d'un chant de vie
elles les firent naître à la lumière
et ils s'épanouirent en s'illuminant de visages
comme des boutons de bonheur
comme des fenêtres s'ouvrant au soleil

Chaque voix devenait un regard
qui embrassait le sien
chaque regard était une aube d'âme
annonçant le nouveau jour
en lui

Et il sut
ce fils d'homme était
l'attendu du monde

THE BLIND

His universe was only darkness
a kingdom of sounds
without shapes or colors
an ocean of confused noises
chaos in which he was drowning
carried away wave after wave
further
without knowing where

When hands of tenderness
placed
like caresses
a word of flesh creating the future
on his eyes already dead

Full of a song of life
they birth them to the light
and they bloomed, lighting up with faces
like buds of happiness
like windows opening to the sun

Each voice became a gaze
hugging his
every gaze was a dawn of soul
announcing the new day
in him

And he knew
this son of man was
the expected of the world

IL ÉTAIT LÀ

Il était là, paisible, souriant
recueilli tout en Soi

Dans le secret de son être
au mystère de sa vie donnée
la création déjà renaissait

Il ouvrit son regard sur le monde

Le soleil envoyait à la terre ses fils de lumière
le vent murmurait ses nuages
dans la harpe invisible
le ciel pleuvait doucement sa tendresse
la terre buvait au calice du printemps
les prés ondulait leurs couleurs
sous la caresse du matin naissant
chaque corolle lançait au soleil
le baiser de son encens
au milieu d'un feu de diamants d'aurore
leurs étendards applaudissant, les arbres
comme des navires végétaux
déployaient grand leur voile d'espérance
et leurs branches levées en prière
pépiaient d'action de grâce
l'azur vibrait de battements d'ailes
et les notes du bonheur s'envolaient

vers l'immensité
y porter leur liesse

Lui écoutait
ravi
comme hors du monde
demeurant en son cœur

À l'est, le Jourdain dansait paisiblement
de ses méandres
offrant sa fraicheur à quelque tourterelle
au nord
une montagne plongeait sa cime dans l'infini
unissant la roche issue du feu
aux neiges miroitantes
loin vers l'occident
le sable se pressait aux lèvres de la mer
pour écouter son paisible appel
les collines couraient dans les vallées du sud
leurs puits écarquillés guettant le jour nouveau
devant lui, s'arrondissait l'humble mont Sion
frémissant d'une impatience de renouveau

Tout était en attente d'harmonie
tout était aspiration d'un jardin retrouvé
fécondé par des fleuves de sang
des rivières de vie
s'écoulant de deux mains
percées

Et il était le silence d'un
« oui »

HE WAS THERE

He was there, peaceful, smiling
collected all in Self

In the secret of his being
to the mystery of his given life
creation was already reborn

He opened his eyes to the world

The sun sent its threads of light to the earth
the wind whispered its clouds
in the invisible harp
the sky rained softly its tenderness
the earth drank from the chalice of spring
the meadows undulated their colors
under the caress of the dawning morning
each corolla was throwing to the sun
the kiss of its incense
in the midst of a fire of dawn diamonds
their banners applauding, the trees
like vegetal vessels
spread wide their sail of hope
and their branches raised in prayer
chirped with thanksgiving
the azure vibrated with beating of wings
and the notes of happiness were flowing away

to the immensity
bringing their jubilation there

He was listening
delighted
like out of the world
remaining in his heart

In the east, the Jordan was dancing peacefully
of its meanders
offering its freshness to some dove
to the north
a mountain plunged its summit into infinity
uniting the rock from the fire
with shimmering snows
far to the west
the sand pressed to the lips of the sea
to listen to its peaceful call
the hills ran in the southern valleys
their gaping wells awaiting the new day
before him rose the humble mount Zion
quivering with an impatience for renewal

Everything was waiting for harmony
everything was aspiration
of a garden found again
fertilized by rivers of blood
streams of life
flowing from two hands
pierced

And he was the silence of a
"yes"

LE PARALYTIQUE

Là, il gisait
n'ayant pour compagne qu'un grabat
cadavre vivant
ne respirant que pour attendre
rien
seconde après seconde de
vide

Quand Sa parole le pénétra
jusqu'en ses profondeurs
pour se dresser en lui
comme un ordre de vivre

Le relevant de leur puissance
vibrant à travers tout son corps
les mots prenaient vie en ses membres

Et il s'ouvrit à la symphonie du mouvement
comme à une dance d'accords
au rythme d'une naissance
neuve

La louange tourbillonnait en lui
il était rire de gestes
savourant la joie du bouger
dans la farandole des vivants

Soudain
saisit au profonds
émerveillé
reconnaissant
son corps fit silence
il adora

THE PARALYTIC

There, he was lying
with only a pallet for companion
living corpse
only breathing to wait
nothing
second after second of
emptiness

When His word penetrated him
to his depths
to stand in him
like an order to live

Lifting him up with their power
vibrating through his whole body
the words came to life in its members

And he opened himself to the symphony of movement
like a dance of chords
animated with the rhythm of a birth
new

Praise swirled within him
he was a laugh of gestures
savoring the joy of movement
in the farandole of the livings

Suddenly
moved in his deepest
amazed
grateful
his body fell silent
he worshiped

TRANSFIGURATION

La montagne était embrasement de splendeur
volcan de Vie éclatante de beauté

Dans Son rayonnement de transfiguration
ils étaient transformés
leurs yeux voyaient l'invisible
découvrant tremblant
la majesté enfouie au secret de l'être

La création chantait de lumière
en murmurant la Pâques annoncée
et des témoins du passé
proclamaient le futur

Quand tout s'éteint de gloire

Il ne restait que Lui

L'ombre d'une croix s'approchait
comme bête de mort
prête à mordre aux entrailles

Mais la promesse de l'aube
brillait maintenant déjà au sein des nuits
prophétie d'un matin

TRANSFIGURATION

The mountain was ablaze with splendor
volcano of Life bursting with beauty

In His radiance of transfiguration
they were transformed
their eyes were seeing the invisible
discovering trembling
the buried majesty in the secret of being

Creation was singing light
murmuring the announced Passover
and witnesses of the past
were proclaiming the future

When everything faded from glory

Only He was left

The shadow of a cross approached
as a beast of death
ready to bite to the guts

But the promise of dawn
was now already shining within the nights
prophecy of a morning

AU BORD DU LAC

Le jour l'avait contemplé
intrigué du soleil qui habitait ses yeux
maintenant
la nuit le regardait
jalouse de sa clarté
demain
le printemps se réchaufferait
dans ses mains s'élevant vers l'infini
le vent murmurerait son nom
dans le soupir du souffle

Il est Fils

L'amour en lui est visage et sourire
chantant bonheur dans des pupilles
illuminées d'un feu de Dieu
peinture vivante de ces eaux de lac
dansant des vagues sous la caresse de la lune
miroir du respir effleurant le sable
avec la tendresse de mille doigts revêtus d'embrun

L'étonnement du silence éclate dans la nuit
comme un tonnerre muet
quand l'hiver s'éteint sur le monde endormi
troubadour à la rare berceuse blanche

Dans le ciel
les anges ont déployé leurs yeux comme des oriflammes
rayonnant la splendeur qu'ils contemplent
et l'obscurité teintée de feu
verse aux profondeurs des eaux
la paix
dans l'attente du jour

Le Fils d'Adam sait
la souffrance sera
de destruction
et de naissance
la neige des douleurs cachées
vieilles comme le monde
fondra
pour que dans son eau naissent
les nouvelles fleurs
jaillissant de terre
en printemps de lumière

ON THE EDGE OF THE LAKE

The day had contemplated him
intrigued by the sun that dwelled in his eyes
now
the night was watching him
jealous of his glow
tomorrow
the spring would warm up
in his hands rising towards infinity
the wind would whispers his name
in the sigh of the breath

He is Son

Love in him is face and smile
singing happiness in pupils
illuminated by a fire of God
live painting of these lake waters
dancing waves under the caress of the moon
mirror of breathing skimming the sand
with the tenderness of a thousand fingers coated with spray

The astonishment of silence bursts in the night
like silent thunder
when winter is blown out on the sleeping world
troubadour with a rare white lullaby

In the sky
the angels spread their eyes like banners
radiating the splendor they contemplate
and darkness tinged with fire
pours into the depths of the waters
peace
waiting for the day

The Son of Adam knows
the suffering will be
of destruction
and birth
the snow of hidden pains
as old as the world
will melt
so that in its water are born
the new flowers
rising from the earth
in spring of light

LAZARE

L'ami était déjà enseveli dans la profondeur

Pourquoi venir si tard
quand un seul mot aurait suffit

Le murmure drillait le cœur de doute
l'incompréhension bataillait la foi
dans une lutte à tuer l'autre

Mais le Maitre était maintenant là
par ses paroles
il ensemença leur âme d'Esprit prêt au naitre
le miracle commençait déjà
ils étaient les premiers renaissant à la lumière

Il vit la tombe
aux larmes de leur deuil
répondirent ceux de sa compassion

Puis le Verbe tonna
rugissant la Vie
ouvrant l'espérance
à pleine force

Et

Grande ouverte
comme un œil écarquillé de surprise
ainsi que bouche expirant l'ultime souffle
la dévoreuse cracha sa proie

Hors le tombeau béant
le nécrosé surgit
ses mains et pieds encore liés
de la tyrannie des ténèbres
à présent délivrés par l'amour

Ainsi
le sépulcre trembla d'effroi
il sut
la Pâques se faisait proche

LAZARUS

The friend was already buried in the depth

Why come so late
when a single word would have sufficed

The murmur drilled the heart of doubt
incomprehension battled faith
in a fight to kill the other

But the Master was here now
by his words
he seeded their soul with Spirit ready to birth
the miracle had already started
they were the first reborn into the light

He saw the tomb
to the tears of their mourning
answered those of his compassion

Then the Word thundered
roaring Life
opening hope
with full force

And

Wide open
like an eye flabbergasted
like a mouth exhaling the final breath
the devourer spat out its prey

Out of the gaping grave
the necrotic rose
his hands and feet were still bound
from the tyranny of darkness
now delivered by love

Thus
the sepulcher trembled with terror
it knew
the Passover was approaching

LA PÂQUES

Écoute ce silence
dans le frémissement des nuits

C'est la Pâques qui s'approche

La Pâques du supplicié à mort
immolant la mort
de ses mains meurtries à vie

La Pâques du charpentier cloué au bois
et rebâti, grandi, en temple de vivantes pierres

La Pâques du messager du Père
témoin de vérité priant pour le pardon
des tortureurs à la langue fourchue

La Pâques du nouveau Jacob, le Maitre des Douze
couché sur l'arbre dressé comme une échelle posée contre l'invisible
s'élevant dans un expir criant victoire à déchirer le temps

La Pâques de l'au-delà du monde rejeté par le monde
réconciliant et unissant tout en lui

La Pâques du transpercé
lacérant le voile invisible qui sépare les mondes

La Pâques du Passeur-Église
le bâtisseur du Royaume Nouveau

La Pâques qui s'approche
dans le frémissement des nuits
le silence

Écoute

THE PASSOVER

Listen to the silence
in the trembling of the nights

Passover is coming

The Passover of the tortured to death
immolating death
with his stabbed hands

The Passover of the carpenter nailed to the wood
and rebuilt, grown, into a temple of living stones

The Passover of the Father's messenger
witness of truth praying for the forgiveness
of the forked-tongue torturers

The Passover of the new Jacob, the rabbi of the Twelve
lying on the tree erected like a ladder placed against the invisible
rising in an exhale shouting victory to tear apart time

The Passover of the beyond-the-world rejected by the world
reconciling and uniting everything in him

The Passover of the pierced
lacerating the veil of invisible that separate the worlds

The Passover of the Ferryman-Church
the builder of the New Kingdom

Passover is coming
in the trembling of nights
the silence

Listen

HOSANNA !

Le cri des « Hosanna »
surgissait des entrailles du temps
il venait du profond de l'histoire
se vêtant à présent de Noces

Comme des guerriers d'allégresse
les foules défilaient du passé
quittant l'Egypte

Leur cris montaient come des flèches au ciel
promesse se dressant en sceptre de victoire
sur lequel le Serpent serait crucifié
dans l'Immolé d'amour

La mer des pleurs
inondant la mémoire d'un poids de silence
s'ouvrait déjà à l'attente accomplie

Les marchands de religion
allaient s'enfuir
et le temple de la Nouvelle Alliance
relevé
était à portée de prière

C'était l'Heure

HOSANNA!

The cry of the "Hosanna"
was arising out of the pit of time
was coming from the depths of history
wearing now a Wedding dress

Like warriors of bliss
the crowds were walking from the past
leaving Egypt

Their shouts were rising like arrows to the sky
promise standing as a scepter of victory
on which the Snake would be crucified
in the Immolated of love

The sea of tears
that had flooded memory with a weight of silence
was already opening to the wait accomplished

The merchants of religion
would flee away
and the temple of the New Covenant
raised
was within prayer reach

The Hour was here

LE TEMPLE

La voracité des rapaces
s'étalait aux yeux
leurs doigts agrippant le butin
d'un sourire gourmand

Le Temple était demeure
des sorciers de richesse
envouteurs avides
couverts de sacerdoce

Et le murmure des foules
et les larmes du pauvre
s'éteignaient comme vague impuissante
sur le rivage de leur indifférence

Quand il arriva
la rage au ventre
détruisant leur rapacité
de ses mots aiguisés
dans le feu du Souffle

Chaque parole était un glaive
crevant leurs cœurs de déjà-cadavres
chaque regard perçait leur avarice
en la faisant saigner à mort

A la colère du Puissant d'aimer
ils répondraient par
des hurlements de haine
graillant « la croix ! » trois fois
en reniant leur roi

Ils riraient de victoire devant le corps détruit
démembré de ses pierres
dans un chant de coq

Ils brailleraient leur fiel
il soufflerait l'Esprit

Et le signe du troisième jour
s'érigerait devant eux
en jugement éternel
de miséricorde

THE TEMPLE

The voracity of raptors
was spread out in front of the eyes
their fingers gripping the booty
with a craving smile

The Temple was the dwelling
of sorcerers of riches
spellers greedy
covered with priesthood

And the murmur of the crowds
the cries of the needy
faded away like a helpless wave
on the shoreline of their indifference

When he arrived
rage in the belly
destroying their rapacity
with his sentences sharpened
in the fire of the Breath

Every word was sword
bursting their hearts of already-cadavers
every glance pierced their avarice
bleeding it to death

To the wrath of the Mighty of love
they would respond with
howls of hate
cawing 'the cross!' three times
in denying their king

They would laugh in victory before the destroyed body
dismembered from its stones
in a cock crow

They would holler their bile
he would blow the Spirit

And the sign of the third day
would rise before them
in eternal judgment
of mercy

LES 'VAUT-RIENS'

Ils tuent avec leurs rires

Leurs regards sont béliers
assaillant l'estime propre
leurs sourires
une faux pour détruire la moisson d'un futur

Leurs mains recueillent la pitié
pour l'étrangler

D'une langue affilée
leurs crocs parlent
et leurs mots sont un venin
de mémoire
qui écho au cœur
sans finir

Fossoyeurs d'espoir dans leurs souffles fétides
leurs voix désentraillent toute vie

« Il est temps de le mettre à mort »

THE BULLIES

They kill with their laughter

Their eyes are rams
assailing the self-esteem
their smiles
a scythe to destroy the harvest of a future

Their hands gather pity
to strangle it

With a sharp tongue
their fangs speak
and their words are poison
of memory
that echoes in the heart
without end

Gravediggers of hope in their fetid breaths
their voices disembowel all life

"It's time to put him to death"

JEUDI SAINT

Le Verbe-Dieu se vide de tout
se dépouillant de lui-même
et de mes masques
pour devenir le
serviteur
que je dois être

Premier
jusque dans l'humble geste
premier en étant le dernier
premier dans le devenir dernier
et devenant dernier dans le dernier souper

Un lambeau de linge
blanc comme un linceul
pend à ses reins
comme un trophée

Le voici à tes pieds
ne le vois-tu pas
les deux genoux plantés
dans l'adoration du Père
l'amour de sa volonté

Devant toi
il s'abaisse à ta misère

pour déposer son pardon
où tu plantes
en lui
ta révolte

Le Verbe refaçonne ton être-boue
par tes profondeurs
il lave tes plaies de ses larmes
et te sèche dans un baiser de Souffle-Feu

Mais l'amour va plus loin

Le pain est là
brisé comme un corps déchiré
dans la patène offerte
le vin est livré
aux lèvres de nos mensonges

Et tout est dit
« Comme je vous ai aimé
aimez-vous les uns les autres »

MAUNDY THURSDAY

The Word-God empties himself of everything
stripping of himself
and my masks
to become the
servant
that I should be

First
down to the humble gesture
first being the last
first in the becoming last
and becoming last at the last supper

A shred of linen
white as a shroud
hangs on his loins
like a trophy

Here he is at your feet
don't you see him
both knees planted
in the adoration of the Father
the love of his will

In front of you
he stoops to your misery

to lay down his forgiveness
where you hammer
in him
your revolt

The Word reshapes your being-mud
from your depths
he washes your wounds with his tears
and dry you in a kiss of Fire-Breath

But love goes further

The bread is here
broken like a torn body
in the paten offered
the wine is handed over
to the lips of our lies

And all is said
"As I have loved you
love one another"

GETHSÉMANI

La nuit était trop lourde

Leurs épaules affaissées
déposaient le fardeau de l'épreuve

Était trop lourde

La force de leurs âmes
s'écoulait sous terre

Trop lourde

Une encre sans étoiles
éteignait leur cœur

Lourde

« Veillez et priez
c'est
l'Heure ! »

Le sourire d'une
espérance
se
  b r
     i

        s   a
               i
                   t

à mort
et ils s'endormirent
ils voulaient oublier
ils ne voulaient plus voir

   La nuit était si lourde

Mais le rêve enragé
revenait sans cesse
et les
mordait au sang

   Était si lourde

Leur sommeil hurlait à la mort

   Si lourde

Jusqu'où irait ce cauchemar
jusqu'à s'accomplir

   Lourde
   lourde

A quelques pas
il était là

Seul

Bataillant
luttant

Obéissant au Père

GETHSEMANE

The night was too heavy

Their slumped shoulders
laid down the burden of the ordeal

Was too heavy

The strength of their souls
flowed underground

Too heavy

Starless ink
switched off their hearts

Heavy

"Watch and pray
it is
time!"

The smile of a
hope
was
   b   r
           e

                a   k
                     i n
                          g
to death
and they fell asleep
they wanted to forget
they didn't want to see anymore

The night was so heavy

But the rabid dream
kept coming back
biting them
to the blood

Was so heavy

Their sleep howled to death

So heavy

How far would this nightmare go
to be accomplished

Heavy
heavy

Nearby
he was there

Alone

Battling
wrestling

Obedient to the Father

LE JARDIN DES OLIVES

Il est là
éveillé
prostré
souffrante supplication
devant l'inexorable qui s'avance
saignant sa terreur

Meurtri de douleur
sa face vomit l'angoisse
son front
labouré par la souffrance
pleure de sang
l'agonie ouvre béants
les pores de sa peau
sa vie coule sur la terre
comme en sanglot
et le sol l'engloutit en riant

C'est l'Heure

Des arbres comme des ancres végétales
dressent leurs troncs pour défier le temps
l'encerclent de leurs racines torturées
et leurs branches se dressent comme des doigts crochus
pour agripper dans leurs serres le demain
quand son tocsin de Pâques résonne en silence

Ecrasé par la nuit
dont l'obscur s'engouffre en lui
il attend
il prie
il geint
il n'est qu'un cri
transfixé d'effroi

Les larmes de l'angoisse
ravinent son cœur
en combat
le creusent jusqu'à la source
de son être-Fils
convulsé de questions
l'assaillant
en soubresauts d'agonie
sans fin

Le reptile originel
défie son
« oui »
l'attirant loin du Père
et les mots d'acceptation
se tordent dans sa gorge
et l'étouffent

À deux pas de distance
les disciples dorment
ensorcelés de sommeil

Les illusions de leur songe
se brisent en éclats de rires sarcastiques
invisibles de sons
soubresauts dérisoires de rêves éventrés

Il est seul
seul
n'ayant à son côté que
sa douleur

De ses larmes et sa sueur de sang
il purifie le lieu de prime idolâtrie
et où un roi trahit Dieu
il lui reste fidèle
jusqu'au coût de sa vie

Il confesserait le Père en se confessant Fils
et se confesserait jusqu'au dernier expir

Ses lèvres boiraient la coupe du destin
de vie
quand les lèvres de l'autre le mordraient d'un baiser
de mort

Car l'heure à présent s'approche
elle est là
traînant avec elle une cohorte de soldats
prisonniers s'ignorant tels
venus pour arrêter celui qui rend libre

Mais au milieu des torches qui réclament sa mort
il est la vraie lumière
chrysalide en attente de naissance
payée de sang

L'univers ira jusqu'au bout du refus

Dans le don de sa vie
plus loin
encore
il ira
toujours

THE OLIVE GARDEN

He is there
awake
prostrate
suffering supplication
facing the inexorable that is coming
bleeding his terror

Battered by pain
his face vomits anguish
his forehead
plowed by suffering
cries blood
the agony opens gaping
the pores of his skin
his life flows on the ground
like in tears
and the earth engulfs it laughing

It's time

Trees, like vegetal anchors
erect their trunks to defy time
surround him with their tortured roots
and their branches are standing like hooked fingers
to grip the tomorrow with their claws
while his Passover tocsin echoes in silence

Crushed by the night
whose darkness is engulfed in him
he is waiting
praying
whining
is only a cry
transfixed with fear

Tears of anguish
are ploughing his heart
in combat
dig it to the source
of his being-Son
convulsed with questions
attacking him
like jolts of agony
endless

The original reptile
is challenging his
"yes"
luring him away from the Father
and the words of acceptance
twist in his throat
suffocate him

Just a stone's throw away
the disciples are asleep
like bewitched to sleep

The illusions of their dream
are breaking into bursts of sarcastic laughter
invisible of sounds
whirlwind of disemboweled wishes

He is alone
alone
having at his side only
his pain

With his tears and sweat of blood
he is purifying the place of prime idolatry
and where a king betrayed God
he is remaining faithful to him
up to the cost of his life[9]

He would confess the Father by confessing himself Son
and would confess it to the last breath

His lips would drink the fate-cup
of life
when the other's lips would bite him
to death

For the hour now is approaching
dragging with it a cohort of soldiers
prisoners unaware of such
who came to arrest the one who sets free

---

9. King Solomon used the Mount of Olives to worship idols (1 Kings 11:7)

But amidst the torches calling for his death
he was the true light
chrysalis waiting for a birth
paid for by a bloodshed

The universe will go to the end of the refusal

In the gift of his life
even further
he will go
always

JUDAS

Les mains encore gluantes des trente pièces d'argent
qui gisaient mortes dans la poussière du Temple
il court
il court depuis les origines
poursuivi par le cri de la terre pleurant Abel
il court, Saül maudit
après un Samuel qui ne reviendra plus
il court, Ahitophel
et la nuit court avec lui
l'accompagnant partout
du lent silence éternel
de son pas écrasant
il court, il court, toujours plus loin de lui
mais se trouve sans cesse en se fuyant sans fin

La lune s'est voilée
détournant son visage soudain si pâle
tout est noirceur
les ténèbres le cernent de leurs yeux vides
qui reflètent ses traits dans leur obscurité

L'homme grimace, ravagé de douleur
en lui, une présence noire file sa toile
jusqu'à tout l'envahir
l'araignée du mensonge lentement s'approche

pour croquer son triomphe
il s'écroule

Au-dedans de lui, la voix continue de retentir
celle qu'il ne veut plus voir
il bouche son visage dans ses poings serrés
mais inlassablement, elle poursuit son chant de lumière
  « Mon ami ! »

Il ne veut plus l'entendre
il mure ses deux yeux
devenant à lui-même son propre tombeau
un ricanement s'introduit dans son cœur
célébrant déjà sa sinistre victoire
mais la voix lumineuse
continue de chanter sa douce chaleur
  « Mon ami ! Mon ami ! »

Il ne veut plus l'entendre
il ne peut plus l'entendre
il voudrait la saisir dans ses deux mains saignantes
et l'arracher de ses entrailles comme un poison de vie
mais elle est là qui demeure et reprend toujours
  « Mon ami ! Mon ami ! »
elle est là
  « C'est moi, la lumière du monde »
qui demeure et reprend toujours
  « La lumière du monde ! La lumière du monde ! »

Elle est là, la bouchée, elle est là
avalée sans être consommée

la bouchée, la bouchée
continuant sans fin de chanter son appel
  « Je suis le pain de la vie
  qui vient à moi
  jamais je ne le jetterai dehors. »

Affaissé, haletant
il crie dans un dernier effort
pour jeter hors de lui cette voix
qui poursuit
  « Je suis celui venu dans le monde »

Il crie
il hurle son dégoût
de tout et de lui-même
mais elle est toujours là, qui reprend
  « Celui qui croit en moi
  ne demeurera dans les ténèbres ! »
là, toujours là
  « Mais il aura la lumière
  celle de la vie ! »

Sur ses lèvres, revient l'image d'une joue
et la voix brille en lui de sa lueur vive
  « Tout péché commis contre le Fils de l'Homme
  pourra être remis. »

« Mon Dieu, est-ce possible ? »

Le ricanement s'insinue plus profond
serpentant en son cœur

l'angoisse l'attaque
s'engouffrant large dans sa gorge
privée du grand désir de vivre
à en crever de soif
le cadavre du baiser le tire dans son ombre

  « Je suis venu pour les pécheurs »

  « Dieu, est-ce possible ? »

L'heure s'approche
et saisit une ceinture pour la nouer
au squelette d'un arbre
celui qu'il connaît depuis si longtemps

  « Je suis la Vérité ! »

Qu'elle se taise, se taise
celle qui juge sa vie de sa toute beauté
mais la flamme se faufile au-delà du refus
  « Dieu a tant aimé le monde,
  qu'il a donné son Fils unique »

Et le nœud coule
ou sont-ce des griffes
pour étouffer en lui
cette voix qui résonne
  « Afin que quiconque croit en lui
  jamais ne se perde,
  mais surabonde de vie »

« Dieu, ô Dieu, est-ce possible ? »

Les griffes se resserrent
une chienne hurle à la mort

   « Je suis la Vie ! Je suis la Vie ! »

Tout son corps gigote
sous le poids de sa chair
qui l'entraîne au fond

Et la voix continue de distiller en lui
une rosée d'amour dans un désert qui meurt
   « Qui croit en moi ne sera pas jugé »

Il se débat de tout son être
comme un poisson pris au piège
mais l'hameçon l'agrippe de son ongle fourchu
jusque dans ses entrailles
le combat est perdu

   « Déjà il passe de la mort à la Vie »

   « Est-ce vraiment possible ? »

« Non ! »
crisse la corde se tordant de plaisir

Mais le cantique en lui continue d'espérer
   « Telle est la volonté de mon Père

*que je ne perde rien
de ce qu'il m'a donné* »

Tel un jouet dérisoire, un souffle de joie
le balance dans l'œil d'un vautour
prêt au festin

   « *Qui vous a choisi, vous les Douze ?
N'est-ce moi ?* »

   « *Comment cela serait-il possible ?* »

Des anneaux de glace encerclent la lumière

   « *Encore possible ?* »

La moiteur de la nuit susurre
« Trop tard ! »

   « *Je suis !* »
chante la vie

Les anneaux glissent sans bruit
se recroquevillant sur eux-mêmes
pour tout éteindre
la source faiblit

   « *Si vous ne croyez pas
dans votre péché vous mourrez !* »

Déjà ses yeux se révulsent
il commence en lui un ultime voyage

  « Le Fils de l'Homme a pouvoir
  de remettre les péchés
  sachez-le ! »

Sous lui, des rats s'agitent

  « Serait-ce encore vraiment possible ? »

Comme une prostituée
la mort l'embrasse de ses affres
l'agonie
groûlante de faim
gueule ouverte
renifle son âme et bave

Tout bas, presque inaudible
la mélodie poursuit, sans pouvoir se lasser
  *« **Quand vous priez dites**
  '**Père, pardonne-nous !**' »*

  « Encore possible ?
  Encore ? »

  « Ne nous laisse pas succomber
  dans l'épreuve ! »

  « Comment serait-ce encore
  possible ? »

« *Mais du Mauvais, délivre-nous !* »

Un tremblement l'étreint
ultime assaut du désespoir
avide de sa vie qui part

« *Comment ?* »

Dans un dernier appel
la clarté clame en lui
 « **Je suis la Vie ! La Vie !
 Je suis !** »

Un rire ténébreux éclate
couvrant de son fracas
le dernier geignement qui s'épuise

« *Ô Dieu, ô Dieu, est-il...* »

Silence

Un oiseau de nuit hulule
puis s'envole

Silence

Au cœur de la cité de paix
un prisonnier est resté en prière
flèche suppliante d'amour
tournée vers le Père
il rumine en lui quelques mots
précieux comme la sève d'un nouveau printemps
  « **Confiance !**
  J'ai vaincu le monde ! »

JUDAS[10]

The hands still sticky of the thirty pieces of silver
that were lying dead in the dust of the Temple
he is running
he runs from the origins
followed by the cry of the earth mourning Abel
he runs, cursed Saul
after a Samuel who will never come back
he runs, Ahithophel
and the night runs with him
accompanying him everywhere
with the slow eternal silence
of its crushing step
he runs, he runs, always further from him
but constantly finds himself fleeing endlessly

The moon has veiled itself
turning away its face suddenly so pale
everything is black
the darkness is there
surrounding him with its empty eyes
that reflect his features in their darkness

The man grimaces, wracked with pain
in him, a black presence spins its web

---

10. In the Gospel of John, Jesus offers to Judas a piece of bread (John 13:26). Following many commentators, this piece of bread is here interpreted as being a piece of the bread declared by Jesus as being his body.

until it invades everything
the spider of lies slowly approaches
to crunch its triumph
he collapses

Within him the voice still resounds
the one he no longer wants to see
he blocked his face with his clenched fists
but tirelessly, it continues its song of light
   "My friend!"

He doesn't want to hear it anymore
he walls his two eyes
becoming to himself his own tomb
a chuckle crept into his heart
already celebrating its grim victory
but the bright voice
continues to sing its sweet warmth
   "My friend! My friend!"

He doesn't want to hear it anymore
can no longer hear it
he would like to grasp it in his two bleeding hands
and tear it from his entrails like a poison of life
but it is there that remains and always resumes
   "My friend"! My friend!"
it is there
   "It is I, the light of the world"
that remains and always resumes
   "The light of the world! Light of the world!"

It is there, the bite, it is there
swallowed without being consumed
the bite, the bite
endlessly continuing to sing its call
   "I am the bread of life
   whoever comes to me
   I will never throw them out."

Slumped, panting
he shouts in a last effort
to throw out of him that voice
which continues
   "I am he who came into the world"

He shouts
screams his disgust
of everything and of himself
but it is still there, continuing
   "Who believes in me
   will not dwell in darkness!"
there, always there
   "But they will have the light
   that of life!"

On his lips, returns the image of a cheek
and the voice shines in him with its bright light
   "Any sin against the Son of Man
   will be forgiven"

   "My God, is it possible?"

The sneer creeps in deeper
snaking in his heart
anguish attacks him
engulfing wide in his throat
deprived of the great desire to live
to the point of dying of thirst
the cadaver of the kiss pulls him into its shadow

  "I came for the sinners"

  "God, is it possible?"

The time approaches
and grabs a belt to tie it
to the skeleton of a tree
the one he has known for so long

  "I am the Truth!"

May it shut up, shut up
this one that judges his life by its beauty
but the flame sneaks beyond the refusal
  "God so loved the world
  that he gave his only begotten Son"

And the noose grasps him
or are they claws
to suffocate in him
this resounding voice
  "So that whoever believes in him

never get lost
but overflows with life"

"God, oh God, is it possible?"

The claws tighten
a bitch howls at death

"I am the Life! I am the Life!"

His whole body squirms
under the weight of his flesh
that drags him down

And the voice continues to distill in him
a dew of love in a dying desert
   "Whoever believes in me
   will not be judged"

He fights with all his being
like a fish caught in a trap
but the hook grabs him with its forked nail
down to his gut
the battle is lost

"Already they pass from death to Life"

"Is it really possible?"

"No!"
crunches the rope writhing with pleasure

But the song in him keeps on, full of hope
  "Such is the will of my Father
  that I lose none
  of those he has given me"

Like a derisory toy, a breath of joy
swings him in the eye of a vulture
getting ready for the feast

  "Who chose you the Twelve?
  Isn't it me? »

  "How could that be possible?"

Rings of ice encircle the light

  "Still possible?"

The dampness of the night whispers
"Too late!"

  "I am!"
sings life

The rings glide noiselessly
curling up on themselves
to turn everything off
the source weakens

  "If you don't believe
  in your sin you will die!"

Already his eyes are rolling back
he begins in himself a final journey

"The Son of Man has power
to remit sins
know it!"

Beneath him, rats are stirring

"Would that still really be possible?"

Like a prostitute
death embraces him with his pangs
agony
hungry
opens its mouth
sniffs his soul and drools

With a very low voice, almost inaudible
the melody continues, unable to get tired
"When you pray say
'Father, forgive us!'"

"Still possible? Still?"

"Don't let us succumb
in the test! »

"How would it really be
possible?"

"But from the Evil one, deliver us!"

A tremor grips him
final onslaught of despair
greedy of his life that leaves

"How?"

In a final appeal
clarity cries out within him
  **"I am the Life! The Life!
  I am!"**

A dark laugh breaks out
covering with its crash
the last whimper that exhausts

  "O God, o God, is it . . ."

Silence

A night bird hoots
then flies away

Silence

In the heart of the city of peace
a prisoner remained in prayer
pleading arrow of love
turned to the Father
he ruminates in him a few words
precious as the sap of a new spring
  "Trust!
  I conquered the world!"

PIERRE

Les deux grand-prêtres s'étaient dressés face à face
dans un combat invisible
l'Accusateur depuis les origines
et l'accusé des crimes du Menteur

Et quand condamné, l'agneau était resté muet
il le sauva de la même mort
n'ayant pour lui qu'un regard endeuillé

À présent, les gouttes de l'amer souvenir
coulaient sur sa joue
pluie de repentir
creusant les rides de son cœur
vieilli

En ruisseaux de douloureux silence
il pleurait la blessure de l'ami perdu
et enfouit son visage dans ses mains

Soudain il se souvint
elles reçurent le pain
elles accueillirent la coupe
et maintenant n'étaient que vide

Tout semblait éteint de
lui

et le feu près duquel il mendia chaleur
était à l'agonie

Le coq avait chanté

Pourtant plus tard
il comprendrait

Le chant proclamant la vérité du prophète dénié
était annonce du matin de paix

Déjà la rosée de la nouvelle aurore
encore invisible
éclatait dans les trois cris de l'aurore
ses gouttes de futur
éclaboussaient le ciel de lumière retrouvée

L'oiseau de l'aube n'annonçait pas un jugement de mort
l'ami le prenait seul sur lui
mais proclamait une annonce de paix

Car les rivières ne coulent que pour nourrir la vie
et l'âme ne se lave que pour s'ouvrir
à la naissance du jour

Nos morts ne sont baptisées
que pour resurgir en vie nouvelle

PETER

The two high priests stood face to face
in an invisible wrestle
the Accuser from the beginning
and the accused of the Liar's crimes

Then when condemned, the lamb remained silent
he saved him from the same death
having only a mournful gaze at him

Now, the drops of bitter memory
were running down his cheek
rain of repentance
deepening the wrinkles of his heart
aged

In streams of painful silence
he was weeping the wound of the lost friend
and buried his face in his hands

When he remembered
they received the bread
they welcomed the cup
and now were just empty

Everything seems extinguished of
him

and the fire near which he begged heat
was in agony

The rooster had sung

Yet later
he would understand

The crow proclaiming the truth of the denied prophet
was announcement of the morning of peace

Already the dew of the new dawn
still invisible
was bursting in the three cries of the sunrise
its drops of future
were splashing the sky with light found again

The bird of dawn did not announce a judgment of death
the friend took it alone
but proclaimed an announcement of peace

For rivers only flow to nourish life
and the soul wash only to open itself
to the birth of the day

Our deaths are baptized
only to rise in new life

CHEMIN DE TORTURE

La croix est si pesante
que son cœur écharné
en sang
crie au ciel

Ses yeux sont si voilés
épaissis
si enlarmés d'un linceul d'ami
que nul lumière ne les parait rejoindre

Et ses mains à présent pendantes
appesanties par un poids de monde
en souffrance de vie
impossible de lendemain
il
s'écroule

Le sol se rougit de lui
le temps s'obstine à s'arrêter
le chemin de torture est sans trêve
et jour et nuit semblent se fondre
en une même obscurité

Il ne reste plus rien

Tu es devenu
le souffrant de nos souffrances
nous accompagnant jusqu'au bout du calvaire
portant avec nous notre croix en toi
et n'en pouvant plus de la porter en nous
et criant avec nous
et avec nous pleurant

Jusqu'à l'aube nouvelle

STATIONS OF TORTURE

The cross is so heavy
that his heart fleshed out
bleeding
shouts to heaven

His eyes are so veiled
thickened
so entwined with tears of a friend's shroud
that no light seemed to join them

And his hands now hanging
weighed down by the weight of a world
in pain of life
without tomorrow
he
collapses

The ground turns red from him
time is persisting in stopping
the stations of torture are unending
and day and night seem to blend
into one darkness

Nothing is left

You had become
the sufferer of our sufferings
accompanying us to the end of the ordeal
carrying with us our cross in you
and exhausted to carry it in us
and shouting with us
and with us crying

Until the new dawn

LE FORGERON

Pâle
livide
un peu à distance
il regarde
interdit

Là
devant lui
le Maitre
meurt
sur une croix

Pâle
livide
un peu à distance
son disciple en secret
il regarde
interdit

Au pied de la croix
il reconnaît ce légionnaire
celui qui ce matin

Pâle
livide
un peu à distance

son disciple en secret
par peur
il regarde
interdit

Non
c'était impossible
lui sur cette croix
et ce légionnaire
là
au pied
le marteau encore en main
celui qui ce matin lui avait acheté

Pâle, livide
un peu à distance
son disciple en secret par peur
il regarde, interdit
et pleurant

L'un l'a trahi
l'autre renié
tous l'ont laissé
la foule l'a condamné
les Romains crucifié
et ces clous dans ses mains
dans ses pieds
ceux que lui, le forgeron
a forgé

THE BLACKSMITH

Pale
livid
staying at a distance
he watches
shocked

There
in front of him
the Master
dies
on a cross

Pale
livid
staying at a distance
his disciple in secret
he watches
shocked

At the foot of the cross
he recognizes this legionary
the one who this morning

Pale
livid
staying at a distance
his disciple in secret

out of fear
he watches
shocked

No
it was impossible
he on this cross
and this legionary
there
at the foot
the hammer still in hand
the one who this very morning had bought him

Pale
livid
staying at a distance
his disciple in secret
out of fear
he watches
shocked
and crying

One betrayed him
the other denied him
all left him
the crowd condemned him
the Romans crucified him
and these nails in his hands
in his feet
those that he, the blacksmith
forged

LE SOIR DU GRAND AMOUR

Quand vint le soir du Grand Amour
il se jeta à corps perdu
dans la gueule de la souffrance
se laissant broyer par la douleur du monde
à en devenir cadavre

Quand vint le soir du Grand Amour
la mort ricana son triomphe
suçant la vie à la plaie du crucifié
béante de crier un « pourquoi » sans réponse

Quand vint le soir du Grand Amour
les hyènes applaudirent, sarabande endiablée
glapissant de plaisir à ses pieds transpercés
jouant aux dés sa nudité

Quand vint le soir du Grand Amour
les insultes s'écrasèrent à flots de tempête
comme des coups de pieux
sur son corps fouetté
sur son âme percée d'épines

Quand vint le soir du Grand Amour
le soleil s'enfuit
la lumière se tut
devant la cruauté

déchaînée
acharnée
sur l'Innocent du monde

Quand vint le soir du Grand Amour
la femme de silence
immobile en prière
offrit son cœur au glaive meurtrier

Et l'Adam descendit dans la tombe
attendant l'aube

THE EVENING OF GREAT LOVE

When came the evening of Great Love
he threw himself wholeheartedly
into the maw of suffering
letting himself be crushed by the pain of the world
to become a corpse

When came the evening of Great Love
death sneered its triumph
sucking life from the crucified's wound
gaping to shout a "why" without answer

When came the evening of Great Love
the hyenas clapped, frenzied saraband
yelping with pleasure at his pierced feet
playing dice with his nudity

When came the evening of Great Love
the insults crashed down like a storm
like blows of stakes
on his whipped body
on his soul pierced with thorns

When came the evening of Great Love
the sun fled
the light became silent
in the face of cruelty

unleashed
fierce
on the Innocent of the world

When came the evening of Great Love
the woman of silence
motionless in prayer
offered her heart to the murderous sword

And Adam descended into the grave
waiting for dawn

LA PASSION

L'Ineffable se prononça en Verbe
et le Verbe devint chair
baptisée dans les larmes
des chemins perdus de l'histoire

Au profond de ton cœur
le monde gémissait de t'avoir quitté
alors, tu saisis de tes deux mains
notre cri
le portant à son intensité ultime de verticalité
la souffrance se dressa comme un pieux
dont l'ombre s'étendit sur les temps
embrassa les univers

Puis quand la lumière s'éteignit dans tes yeux
les ténèbres se firent germe d'aurore
et la terre soupira
frémissant d'attente

Car l'Amour s'était laissé percer
pour que le flot des tendresses du Père
qui l'étouffait de notre détresse
puisse s'échapper
couler libre en un fleuve de printemps
et ton cœur se creusa d'une fenêtre
ouvrant à deux battants notre regard

enlisé de nous-mêmes
en posant le baume de ton pardon
sur nos visages
ulcérés de haine

La Vie maintenant s'élève
comme colonne de feu
de ses mains d'offrande
et le Père te regarde, lecteur
par son côté transpercé
puits d'amour
où ton âme peut voir la gloire du Sans-Fin

L'amour seul est digne de foi
la vérité n'est grande que d'aimer

THE PASSION

The Ineffable spoke himself in Word
and the Word became flesh
baptized in the tears
of the lost paths of history

Deep in your heart
the world groaned at having left you
so you grabbed with both hands
our cry
bringing it to its ultimate intensity of verticality
suffering stood like a stake
whose shadow extended over times
embraced the universes

Then when the light went out in your eyes
the darkness became seed of dawn
and the earth sighed
quivering with expectation

For Love had let himself be pierced
so that the flood of the Father's tenderness
that suffocated him from our distress
could escape
flow freely in a spring river
and your heart was hollowed out of a window
wide opening our gaze

stuck on ourselves
by laying down the balm of your forgiveness
on our faces
ulcerated with hate

Life now rises
as a pillar of fire
from his offering hands
and the Father looks at you, reader
from his pierced side
well of love
where your soul can see the glory of the Endless

Love alone is trustworthy
the truth is great only in loving

AU FOND DU NOIR

Au fond du noir
il te parle

« Quand les feuilles se sont toutes couchées
cherchant sur le sol le repos de l'oubli
quand le soleil ne se lève plus
léchant les plaies de sa lumière meurtrie
au fond d'un ciel absent
quand la terre se cache sous un linceul de silence
et gémit sans mots

Quand l'aile de l'oiseau est trop alourdie de brume
pour s'échapper au Sud
quand le vent froid balaie le rire de l'enfant
qui hurle à la vie en se tordant de mort
quand les nuages pleurent flocons
parce qu'ils n'ont plus de larmes

Quand la main qui se tend devient une chimère
dormant au fond d'un rêve
quand le souvenir n'est plus que cauchemar
d'un présent d'agonie
d'un futur sans naissance
quand la voix de l'ami se mue en sanglot
disparue aux abîmes du cœur

Quand la chaleur des mots
se vide de tout sens
quand le cri du vivant souffre famine
à se convulser d'espérer le vide
à ne plus croire en rien
quand l'étoile du matin devient l'obscurité des nuits
désir d'un jour avorté

Au fond de ton noir
là
je suis »

DEEP IN THE DARK

Deep in the dark
he talks to you

"When the leaves are all down
seeking on the ground the rest of oblivion
when the sun no longer rises
licking the wounds of its bruised light
at the bottom of an absent sky
when the earth hides under a shroud of silence
and moans without words

When the bird's wing is too heavy with mist
to escape to the South
when the cold wind sweeps away the child's laughter
who howls to life while writhing with death
when the clouds cry snowflakes
for they have no more tears

When the outstretched hand becomes a chimera
sleeping deep in a dream
when memory is nothing but a nightmare
of a present of agony
of a future without birth
when the friend's voice turns into a sob
disappeared in the abyss of the heart

When the warmth of words
becomes meaningless
when the cry of the living suffers famine
to convulse from hoping for emptiness
to no longer believe in anything
when the morning star becomes the darkness of the night
yearning for an aborted day

Deep in your dark
here
I am"

SUR LA CROIX

Les yeux clos par la douleur
il prie
et son cœur s'étend aux dimensions du monde
sa prière s'érige, plus droite qu'une flamme

Il devient le malade sur son lit de souffrance
attendant la mort comme une guérison
le prisonnier reclus dans sa solitude
écroué en son cachot de faute impardonnable
la veuve dont les rêves écourtés
pleuraient encore ses enfants faméliques
le lépreux tendant sa main
mendiant l'amitié plus qu'un pain
le pauvre se calfeutrant du froid
sous des lambeaux d'habits

Et son cœur s'étend encore
sa prière s'élève toujours plus

Il devient le meurtrier empli de haine
l'adultère tuant en son plaisir recherché le rival
le parjure payé par l'accusé ou par l'accusateur
le voleur saignant la vie de ses victimes

Toujours plus loin
encore plus haut

Il devient ceux qui l'ont rejeté à mort
ses amis qui l'ont laissé, renié
le Judas qui l'a cloué
l'idolâtre adorant son image
le blasphémateur crachant son mépris sur Dieu
le révolté riant la providence

Encore plus loin
toujours plus haut

Sur son arbre, il est le Satan
s'abreuvant de tout le fiel de l'histoire
descendant dans les abîmes humains
les crevasses des cœurs où tout pourrissait
de l'unique cri écartelé d'un
« non »

Sur la croix
il est moi
meurtri de toi
il est toi
que je meurtris

Son amour embrasse tout
pour tout transmuer en
son amour

La croix est cosmique
et son corps disloqué
est une ancre

canevassant ciel et terre
en offre de merci

Le sacrifice de mort
offert en son corps par cruauté
est offrande de paix en sa prière
il est prêtre de la Grâce
intercesseur d'une Alliance
bourgeonnant en éternité

Il est l'oint de sang
il est l'oint de gloire
il est l'oint de Vie éternelle
Christ

ON THE CROSS

Eyes closed by the pain
he is praying
and his heart extends to the dimensions of the world
his prayer stands straighter than a flame

He becomes the sick on their bed of suffering
waiting for death as a cure
the prisoner recluse in their solitude
imprisoned in their dungeon of unforgivable guilt
the widow whose dreams cut short
were mourning her famished children
the leper reaching out their hand
begging for friendship more than a loaf of bread
the poor man caulking from the cold
under tatters of clothes

And his heart still stretches
his prayer rises ever higher

He becomes the hate-filled murderer
the adulterer killing the rival of their pleasure
the perjury paid by the accused or by the accuser
the thief bleeding the lives of his victims

Always further
even higher

He becomes those who rejected him to death
his friends who abandoned him, denied him
the Judas who nailed him
the idolater worshipping their image
the blasphemer spitting their contempt on God
the rebel laughing at providence

Even further
always higher

On his tree, he is the Satan
drinking all the gall of history
descending into the human abysses
the crevices of hearts where everything was rotting
from the single quartered shout of a
'no'

On the cross
he is me
bruised of you
he is you
that I bruise

His love embraces everything
to transmute everything into
his love

The cross is cosmic
and his dislocated body
is an anchor

canvassing heaven and earth
in an offer of mercy/thanks[11]

The death sacrifice
offered in his body by cruelty
is a peace offering in his prayer
he is priest of Grace
intercessor of a Covenant
budding with eternity

He is the anointed with blood
the anointed with glory
the anointed with Eternal Life
Christ

---

11. The same word "merci" in French can have both meanings, the ambivalence being used here: Christ is an offer of mercy from heaven to earth and an offer of thanks from earth to heaven.

LE FRUIT

Sur l'arbre
le fruit
pend
comme un ver
convulsé de souffrances
supplicié par nos vices
condensant en son cri toute douleur des êtres

Ami trahi
abandonné
renié
innocent condamné
torturé
raillé
cloué à mort
il connait en sa chair
l'étendue de tout mal
et toute l'étendue du bien
fidèle jusqu'au sacrifice ultime
aimant jusqu'au pardon de l'impardonnable

Un autre fruit pend sur un autre arbre
plus loin
un fruit de trahison
de remord inassoupi

défiguré d'angoisse
qui crie faim de l'âme

Car c'est la nuit des deux pendus
l'un par la corde, l'autre les clous
et c'est le soir des deux Passions
l'amour de soi jusqu'à la mort de l'autre
l'amour de l'autre jusqu'à la mort de soi
les deux Passions des deux pendus

Et tous deux à présent descendent dans la tombe
recouvert du linceul de leur sang
l'un par l'amour, l'autre la mort
tous deux se retrouvent au gouffre du shéol
où croupit l'espoir du salut attendu
tous deux
le torturé devant le tortureur
le martyr-de-l'amour et le déraciné-de-grâce

Que dit l'offreur du salut
que dit l'assoiffé de pardon

THE FRUIT

On the tree
the fruit
hangs
like a worm
convulsed with suffering
tortured by our vices
condensing in his cry the pain of all beings

Friend betrayed
abandoned
denied
innocent convicted
tortured
scorned
nailed to death
he knows in his flesh
the extent of all evil
and the full extent of the good
faithful to the ultimate sacrifice
loving to the forgiveness of the unforgivable

Another fruit hangs on another tree
farther
a fruit of betrayal
of relenting remorse

disfigured with anxiety
that cries hunger of the soul

For it is the night of the two hangeds
one by the rope, the other the nails
and it is the evening of the two Passions
self-love up to the death of the other
other-love up to the death of oneself
the two Passions of the two hangeds

And now both go down into the grave
covered with the shroud of their blood
one by love, the other death
both end up in the abyss of Sheol
where the hope of expected salvation is languishing
both
the tortured in front of the torturer
the martyr-of-love and the uprooted-from-grace

What does the offerer of salvation say
what does the thirsty for forgiveness say

LA RANÇON

Nous étions
emmurés dans le mensonge
nos yeux enlisés
nous nous cachions
au buisson de nos peurs-l'Autre

Les traits du vrai visage
s'effaçaient du souvenir
embourbés dans des simulacres de salut
et le miroir de nos mémoires
était appesanti d'une peau de serpent
embruité d'un chant de sirène
couverte d'écailles

La mort était frontière emplie d'effrois
qui nous tenait captive de l'illusion originelle
la parole pervertie qui hantait nos profonds
et s'instillait silencieuse en nos songes
pour empoisonner notre présent
en l'emplissant de Son absence

Quand tu vins

Sur la croix tu montras les traits du Père
non dans le tortureur
mais en toi supplicié

tu dévoilas l'amour jusqu'à la mort
criant ta soif de nous
jusqu'en notre rejet de toi

La croix de vérité
fut la révélation
nous rendant libres

Sur le bois
tu nous offris la rançon
qui détruirait notre propre terreur

Le Père en toi
meurtri d'amour dans la Esprit vous unissant
offrait pour toujours
l'unique prix qui seul pouvait
nous détourner du mensonge
nous rendant libres de nous-mêmes
nous libérant à nous-mêmes
pour nous faire devenir
enfantés-Dieu
dans le Fils

Les Trois s'offrirent en salut
s'offrant à nous sur la croix
les Trois s'offrirent en rançon
dans le salut de la croix
clouant à mort le mensonge
taisant à mort le menteur

THE RANSOM

We were
walled in the lie
our eyes stuck
we were hiding
in the bush of our fears-the-Other

The features of the real face
faded from memory
mired in sham salvation
and the mirror of our memories
was weighed down with snakeskin
en-noised[12] by the song of a siren
covered with scales

Death was a border full of fears
holding us captive of the original illusion
the perverted word that haunted our depths
and silently instilled itself in our dreams
to poison our present
by filling it with His absence

When you came

On the cross you showed the features of the Father
not in the torturer

---

12. Neologism like in French, meaning "filled with noises."

but in you tortured
you revealed love to death
screaming your thirst for us
even in our rejection of you

The cross of truth
was the revelation
making us free

On the wood
you offered us the ransom
that would destroy our own terror

The Father in you
bruised with love in the She-Spirit[13] uniting you
offered forever
the one price that only could
turn us away from lies
make us free of ourselves
freeing us to ourselves
to make us become
God-born
in the Son

The Three offered themselves in salvation
offering themselves to us on the cross
the Three offered themselves as ransom
in the salvation of the cross
nailing the lie to death
silencing the liar to death

---

13. "Spirit" is feminine in Hebrew/Aramaic.

LE SACRIFICE D'EXPIATION

À l'heure où les soldats te viennent saisir
alors que l'infidèle guide leur pas
tu demeures dans le jardin
connaissant ce qui adviendra
ta mort en croix
et ton surgissement de lumière

Ce ne sont pas leurs mains qui t'empoignent
ni le baiser qui te dévore
mais toi qui t'offres
témoin de l'infini du Père
dans l'infini du don total

Et quant tu confesses la vérité qui te condamne
ce n'est pas la sentence qui déjà t'immole
mais toi qui poursuis le don de ton amour

Quand tu restes silencieux devant qui te peut sauver
refusant le mensonge
ce ne sont pas les hurlements qui réclament ta mort
mais toujours toi qui te livres
et tout entier te fais offrande

Quand tu es sur la croix tué comme un agneau
juste par des injustes
ce ne sont pas les clous qui te fixent à l'arbre

mais toi qui t'immoles d'amour
sans renier qui tu es, qui t'envoie
pour te sauver
mais suppliant de Dieu le pardon
qui nous sauve

Dans ton amour du Père
manifesté à l'infini
dans toute la fidélité du total témoignage
tu expies infiniment
l'infidélité de notre amour sans fin boiteux
devenant pour toute éternité
viaduc de vie éternelle
par lequel le Père
tout entier, pour toujours
peut se donner
d'aimer

Car ce n'est par le punissement du pécheur
par sa condamnation
que la justice de Dieu est satisfaite
mais par sa conversion
oui, la justice de Dieu est sa miséricorde
s'accomplissant dans le don de la vie

Tel est le grand mystère
où l'occasion du mal
devient cause de salut
mystère si incommensurable
que seul Dieu le peut penser

l'immense mystère
aux dimensions de Dieu

Telle est pour lui est notre grandeur
nous, si infiniment petits
et si infiniment précieux

THE SACRIFICE OF ATONEMENT

When the soldiers come to seize you
while the infidel guides their steps
you stay in the garden
knowing what will happen
your death on the cross
and your rising of light

It is not their hands that grab you
nor the kiss that devours you
but you who offer yourself
witness of the infinite of the Father
in the infinity of total gift

And when you confess the truth that will condemn you
it is not the sentence that already immolates you
but you who pursue the gift of your love

When you remain silent before who can save you
refusing the lie
it is not the screams that claim your death
but always you who gives yourself
and make of yourself an offering

When you are on the cross, murdered like a sacrificial lamb
just by the unjust
it is not the nails that fix you to the tree

but you who immolate yourself for love
without denying who you are, who sends you
to save yourself
but begging God for the forgiveness
that saves us

In your love of the Father
manifested to infinity
in all the fidelity of the total testimony
you atone infinitely
the infidelity of our endless lame love
becoming for all eternity
viaduct of eternal life
by which the Father
whole and forever
can give himself
by love

For it is not in the punishment of the sinner
in their condemnation
that God's justice is satisfied
but in their conversion
yes, God's justice is God's mercy
fulfilled in the gift of life

Such is the great mystery
where what the evil causes
becomes the cause of salvation
mystery so immeasurable
that only God can think it

the immense mystery
to the dimensions of God

Such is for him our greatness
us, so infinitely small
and so infinitely precious

LE DEUXIÈME JOUR

C'était le crépuscule
le soleil s'égouttait
en l'océan
astre blessé de
la beauté disparue
tandis que le silence
se posait sur l'horizon

L'attente allait bientôt s'éteindre
mais seule la mère le croyait encore

Dans les antres du passé
le victorieux était descendu
proclamant son triomphe à ceux qui l'attendaient
offrant son sang et son pardon

L'agneau silencieux rugit son chant de Pâques
faisant trembler les portes de la mort

La terre sursauta de surprise et de joie
et l'ange des origines qui gardait le jardin
ouvrit le chemin
la tombe était béante à mort
saignant ses captifs

L'arbre de vie était maintenant
multiple
car l'histoire ne se répétait
mais s'accomplissait
en explosion de générosité divine

Dans l'éternel aujourd'hui toujours nouveau
il était à portée des mains
qui se tendraient pour recevoir
le pain
l'éternel
celui du Royaume venu

THE SECOND DAY

It was dusk
the sun was dripping
in the ocean
star wounded by
the disappeared beauty
while the silence
was lying on the horizon

The wait would soon end
but only the mother still believed it

In the lairs of the past
the victor had descended
proclaiming his triumph to those who awaited him
offering his blood and forgiveness

The silent lamb roared his Easter song
shaking the gates of death

The earth jumped with surprise and joy
and the angel of origins who guarded the garden
opened the way
the tomb was gaping to death
bleeding its captives

The tree of life was now
multiple[14]
for history was not repeated
but accomplished
in explosion of divine generosity

In the eternal today always new
it was within reach of the hands
that would stretch to receive
the bread
the eternal
that of the Kingdom come

---

14. In the biblical symbolic, when there was only one "tree of life" in the garden of the origins (Gen 2:9), there are plenty in the New Jerusalem (Rev 22:2).

SANCTUS

Silence-nuit

La musique s'était éteinte
la corde pendait encore à l'instrument
brisée
et les sanglots du Musicien
s'écoulaient
comme des notes vides
rougies de sang

Silence-nuit

Usée d'avoir jouée la
symphonie ultime
la corde brisée du corps
descendait dans la terre
seule
le Musicien n'était plus là
parti
dans un grand cri de
mort

Silence-nuit

La salle s'était vidée
seule une femme l'attendait encore
sa mère

Silence
nuit

Quand à l'aube, le troisième jour
le Musicien revint
le soleil de ses Noces se
levait

Il saisit sa corde
la dressa debout
en l'accrochant au ciel et à la terre
comme un arc d'Alliance

Puis il la fit vibrer d'une
mélodie de lumière
dans le souffle d'un
baiser éternel
et étendit son chant
aux temps, aux univers
aspirant tout dans une immense
danse-Dieu

Sur la page de la nouvelle création
chaque être est

note d'amour
d'un

SANCTUS

éternel

SANCTUS[15]

Silence-night

The music had died down
The string was still hanging from the instrument
broken
and the sobs of the Musician
were flowing
like empty notes
red with blood

Silence-night

Tired of having played the
ultimate symphony
the broken string of the body
descended into the earth
alone
the Musician was gone
leaving
in a loud cry
dead

Silence-night

---

15. "Sanctus" means "holy" in Latin and designates the song of the angels in front of God's throne, as described in Isaiah 6:3.

The room had emptied
only a woman was still waiting for him
his mother

Silence
night

When at dawn, on the third day
the Musician returned
the sun of his Wedding
was rising

He grabbed his string
stood it up
clinging it to heaven and earth
like a Covenant bow

Then he made it vibrate
melody of light
in the breath of an
eternal kiss
and spread his song
to times, to universes
sucking everything into an immense
dance-God

On the new creation page
every being is

love note
of one

SANCTUS

eternal

VOICI L'AUJOURD'HUI

Voici
l'Aujourd'hui
de l'au-delà du temps

Voici le jour des
vengeances-Dieu

Le Roi a brisé le faux visage
en l'homme
il a détruit cette
idole
en son temple
et le portrait du serpent trompeur
s'est noyé
dans son propre venin

Voici
la venue du
Grand Pardon
Dieu

Un manteau de miséricorde
rouge de sang
s'est étendu sur le monde

Dieu
a pleuré Pâques
sur la détresse d'Adam
faisant de ses larmes
un levain
d'espérance

La tombe des promesses
a germé
de
vie éternelle
la mort a accouché
de nouvelle naissance

HERE IS THE TODAY

Here is
the Today
from beyond time

Here comes the day of
the revenges-God

The King broke the false face
in man
he destroyed this
idol
in its temple
the portrait of the deceitful snake
drowned
in its own venom

Here is
the coming of the
Great Pardon
God

A mantle of mercy
blood red
has been spread over the world

God
cried Easter
on Adam's distress
transforming his tears
in leaven
of hope

The tomb of promises
has sprouted
of
eternal life
death has delivered
the new birth

LE VICTORIEUX

L'arc du firmament
s'est brisé
dans l'ultime bataille

L'Ange a retenti
et la cité de Paix
est descendue du ciel

Le Ressuscitant
a vaincu
la cité fortifiée du Satan

L'Agneau
désormais
chevauche le printemps
brandissant dans sa droite
l'Esprit
comme un glaive
dont le jugement
offre le pardon

Auréolé d'une crinière de soleil
il lance dans l'univers
le cri
de son crucifiement
triomphe

L'heure est venue
cieux et terre s'étreignent
dans le
Victorieux

Une nouvelle création
a surgi de l'aube

THE VICTORIOUS

The bow of firmament
broke
in the final battle

The Angel rang out
and the city of Peace
descended from heaven

The Resurrecting
has defeated
the walled city of Satan

The Lamb
from now on
rides the spring
brandishing in his right
the Spirit
like a sword
whose judgment
offers forgiveness

Haloed with a mane of sunshine
he launches into the universe
the scream
of his crucifixion
triumph

The hour has come
heaven and earth embrace
in the
Victorious

A new creation
has arisen from the dawn

MISERICORDE-DIEU

Miséricorde-Dieu
a éclos comme un bouton de printemps
elle s'est levée
stèle d'éternité vivante
dans le fond d'un sépulcre

L'Alliance s'est vêtue d'un corps de lumière
à l'aube
le diamant-soleil est né
et la terre
est demeurée vierge
en laissant paraître son germe de ciel

Voici que la tombe s'est ouverte
comme l'œil d'un aveugle-né
qui stupéfait découvre soudain la lumière
comme mer accouchant du nouveau peuple de
l'Agneau
rugissant sa victoire

Car Dieu est sorti de son sommeil
c'est le huitième jour

Relevée de son hiver
sa pupille de soleil a éclaté de tous ses feux

ce matin
le déluge de vie illumine le monde d'amour

La beauté du silence resplendit
en diamants d'alleluias
qui dansent sur les cierges
et l'Église drapée d'action-de-grâce
lève ses mains
pour étreindre l'Époux
il vient

Chantent, chantent, tes doigts
de toute leur éternité retrouvée
en recevant le Roi de joie

S'ouvre, s'ouvre, ton cœur
au sang de charité
qui coule du côté de
Dieu
ressuscité de son repos

MERCY-GOD

Mercy-God
blossomed like a spring bud
it got up
stele of living eternity
in the depths of a tomb

The Covenant dressed in a body of light
at dawn
the diamond-sun is born
and the earth
remained a virgin
in letting appear its sprout of heaven

Behold, the grave opened
like the eye of a man born blind
that, amazed, suddenly discovers the light
like a sea giving birth to the new people of
the Lamb
roaring his victory

For God came out of his sleep
it's the eighth day

Raised from its winter
his sun pupil burst with all its fire

this morning
the deluge of life illuminates the world with love

The beauty of silence shines
in diamonds of alleluias
who dance on candles
and the Church draped in thanksgiving
raises her hands
to embrace the Bridegroom
he comes

Sing, sing, your fingers
with all their regained eternity
in receiving the King of joy

Open, open, your heart
to the blood of charity
flowing from the side of
God
risen from his rest

LE SOLEIL ET LE GRAIN

Jour après jour
il l'avait contemplé
il l'avait réchauffé
l'œil écarquillé
le regard ébloui
oui, c'était lui
que son œil regardait

C'était le grain de blé
le plus beau d'entre les grains de blé
si beau
qu'aucun autre grain ne pouvait
ne pourrait l'égaler
c'était le grain
à nul autre pareil
le grain de blé

Il était apparu un jour d'hiver
quand lui était au plus bas
un jour où il était au plus fatigué de sa course
et de le voir
seulement le voir
lui avait redonné force et courage
pour repartir vers un nouveau printemps

Lentement
le grain avait grandi, puis mûri
sur une terre de Palestine
et pour lui chaque jour
il s'était levé
lui offrir tout ce qu'il avait
sa lumière
sa chaleur
et pour lui chaque nuit
il s'était retiré
le laisser reposer
en silence
en prière

C'était le grain
le plus beau grain
le plus beau d'entre les plus beaux grains
c'était le grain de blé

Mais un jour
oh ce jour
le grain était tombé
au profond de la terre
disparu
enfoui loin de lui
et le soleil
n'avait pu regarder
son œil s'était fermé
en ce jour
oh ce jour
au midi de ce jour

Le lendemain
il avait observé
il avait regardé
regardé tout le jour
tourné autour du monde
pour mieux voir
de partout
le lieu où il était
et il avait essayé
il avait à nouveau
donné de tous côtés
sa lumière
sa chaleur
il avait tout donné
tout le jour
il avait essayé
mais le grain de blé
n'était pas reparu

Alors au soir
il n'y tint plus
il s'engouffra tout entier en la terre
pour y rejoindre
le grain de blé
et il s'enfouit tout entier tout en lui
tout entier pour toujours se donna tout à lui
le plus beau grain d'entre les plus beaux grains
le si beau grain de blé

Et le soleil devint le grain de blé
et le grain de blé s'alluma en soleil

au cœur de la terre
au sein de la matrice-terre
le soleil devint grain
et le grain soleil

Puis au matin du troisième jour
le grain-soleil surgit hors du tombeau
s'élança dans les ciels
et lentement repris sa course de liesse
pour éclairer
réchauffer
de sa lumière nouvelle
les autres grains
ses frères
pour leur donner sa vie
en un pain de lumière
en un vin transparent à l'amour
qui lui donnait couleur

Ils
l'attendaient
d'éternité

THE SUN AND THE GRAIN[16]

Day after day
it had looked at him
it warmed him up
wide-eyed
with a dazzled look
yes, it was him
that its eye was looking at

He was the grain of wheat
the most beautiful among the grains of wheat
so beautiful
that no other grain could now
and ever match him
he was the grain
like no other
the grain of wheat

He appeared on a winter's day
when itself was at its very down
a day when it was at its most tired from its race
and seeing him
only seeing him
gave it strength and courage
to start again towards a new spring

---

16. Although the word "grain" is neutral in English, it has been here personalized in a "he" for the symbolism of the poem.

Slowly
the grain had grown, then ripened
in a land of Palestine
and for him every day
it got up
give him everything it had
its light
its warmth
and for him every night
it had withdrawn
let him rest
silently
in prayer

He was the grain
the most beautiful grain
the most beautiful of the most beautiful grains
he was the grain of wheat

But one day
oh that day
the grain had fallen
deep in the earth
faded away
buried away from it
and the sun
could not watch
its eye had closed
on that day
oh that day
at noon of that day

The day after
it had observed
it had watched
watched all day
revolved around the world
to see better
everywhere
the place where he was
and it had tried
it had again
given from all sides
its light
its warmth
it had given everything
all the day
it had tried
but the grain of wheat
had not reappeared

So in the evening
it could not hold it any longer
it sank entirely into the earth
to join
the grain of wheat
and it buried itself completely inside him
completely forever gave everything to him
the most beautiful grain among the most beautiful grains
the so beautiful grain of wheat

And the sun became the grain of wheat
and the grain of wheat lit up like a sun

in the heart of the earth
within the matrix-earth
the sun became grain
and the grain sun

Then on the morning of the third day
the grain-sun rose out of the tomb
soared into the skies
and slowly resumed its race of jubilation
to light up
warm up
of his new light
the other grains
his siblings
to give them his life
in a bread of light
in a wine transparent to love
that gave it color

They
were waiting for him
from eternity

L'AGNEAU S'AVANÇA

L'Agneau s'avança
les bras tendus en croix
par l'attente du Père
les mains percées du don total
les pieds usés par une marche
traversant les siècles
le cœur ouvert d'un cri
lancé du profond des enfers
hurlé en nous

L'Agneau s'avança

Et
le Père le vit

Et le Père courut à sa rencontre
l'étreignit dans sa nuée d'amour
l'enveloppa d'un habit de gloire
le serrant contre lui
à sa droite
le couvrant d'Esprit
lui donnant le sceau du Royaume

Mais quand la nuée souffla la flamme
en l'aspirant dans ses profondeurs
les Onze demeuraient là
statues de stupeur
les yeux rivés sur son souvenir
enfermés dans leur silence
comme ils l'avaient été dans le cénacle

Le passé grignotait goulûment le présent
devenu prisonnier de leur mémoire
et le ciel était maintenant creux de lui
comme l'étaient leur cœurs

Seule une parole chantait encore en eux
« Si vous m'aimiez
vous seriez dans la joie
je vais vers
le Père »

Quand l'à-venir s'éveilla au souffle d'un ange
soudain, le ciel vide se faisait plein de
lui
ses derniers mots
la main de sa bénédiction
sa présence à leur côté
se revêtaient d'éternité

Le temps à nouveau s'écoulait dans la vie de l'histoire
à présent riche d'une mission
enceinte de moissons

Fils de l'homme, il s'était élevé
au lieu où il s'était prostré
en un gémissement de sang
le chemin de l'Éden à présent rouvert

Le Nom au-dessus de tout nom
s'était dressé
illuminant les univers
et au secret de tout être
brûlait à présent
son triomphe

THE LAMB CAME FORWARD

The Lamb came forward
arms outstretched crosswise
waiting for the Father
hands pierced by a total donation
feet worn out by a walk
through the centuries
heart open with a cry
launched from the depths of hell
howled in us

The lamb came forward

And
the Father saw him

And the Father ran to meet him
hugged him in his cloud of love
wrapped him in a garment of glory
embracing him
to his right
covering him with the Spirit
giving him the seal of the Kingdom

But when the cloud blew the flame
sucking it into its depths
the Eleven stayed there
stupor statues
the eyes riveted on his remembrance
enclosed in their silence
as they had been in the Cenacle

The past was greedily eating the present
that had become prisoner of their memory
and the sky was hollow of him
as were their hearts

Only a word was still singing in them
"If you loved me
you would be happy
I'm going to
the Father"

When the future awoke at the breath of an angel
suddenly, the empty sky got full of
him
his last words
the hand of his blessing
his presence at their side
were dressed with eternity

Time was flowing again in the life of history
suddenly rich of a mission
pregnant with harvests

Son of man, he rose
where he prostrated himself
in a wail of blood
the path to Eden now reopened

The Name above all names
stood up
illuminating the universes
and in the secret of all beings
was now burning
his triumph

PENTECÔTE

L'Astre du Matin
quitta les entrailles de la terre
il s'y reposait d'un combat d'éternité

S'élevant
il disparut au secret des anges
la présence du Très-Haut
l'enveloppa de son mystère

Quand le Père l'aperçut
le cœur encore en plaies
il courut le saisir en ses bras
le serrer contre lui
et dans l'Agneau tout blanc
tellement tâché de sang
le corps couvert de sa Passion
il vit la misère de tous ses enfants
ses entrailles tremblèrent
jusqu'en leurs profondeurs
sa compassion lui voila le regard

Et il couvrit le péché de baisers

Au premier déluge devant le mal de l'homme
répondait maintenant celui de sa tendresse

il pleurait sa miséricorde
dans des flammes d'amour

Les larmes embrasées
s'écoulèrent sur le cénacle
comme une pluie d'étoiles
et l'oiselle de feu se fit oriflammes
proclamant au monde
le pardon

Le retour du Fils de l'homme
monté sur le trône qu'il avait laissé
était possession du Royaume Nouveau
étendard divin se déployant aux siècles

Le vin de Cana remplissait les disciples
d'une ivresse de Noces
faisant éclater les outres du vieux moi
en une communion

Ils étaient devenus tabernacles du Don
pour enflammer l'univers de Vie
et l'Église-calice débordait d'Esprit
pour la donner aux peuples de l'attente

Ton sourire s'étendait aux horizons du temps

PENTECOST

The Morning Star
left the bosom of the earth
he rested there from a battle of eternity

Rising
he disappeared into the secret of the angels
the presence of the Most High
enveloped him in its mystery

When the Father saw him
the heart still full of wounds
he ran to grab him in his arms
hug him
and in the all-white lamb
so stained with blood
the body covered with his Passion
he saw the misery of all his children
his insides trembled
to their depths
his compassion veiled his gaze

And he covered the sin with kisses

At the first flood in front of the evil of man
now responded that of his tenderness

he cried his mercy
in flames of love

His tears of fire
flowed on the Upper Room
like a rain of star
and the burning she-bird became banners
proclaiming to the world
forgiveness

The return of the Son of man
ascended to the throne he had left
was possession of the New Kingdom
divine standard that unfolds through the centuries

The wine of Cana filled the disciples
of nuptial drunkenness
bursting the skins of the old me
in communion

They had become tabernacles of the Gift
to ignite the universe with Life
and the Church-chalice overflowed with Spirit
to give her to the people of the wait

Your smile was extending to the horizons of time

LA GRANDE LITURGIE

Le temps de la grande liturgie est venu pour toi

Debout devant tous, drapé dans l'Esprit
tu proclames la Grande Nouvelle
Étienne

« À présent, les cieux sont ouverts
debout à la droite du Très-Haut
le Fils de l'Homme est là
Roi et Seigneur! »

Saisissement

Silence

Commencement de l'ultime offertoire
ton corps est l'hostie
ton sang est le vin

Librement, sans résistance
tu apportes l'offrande à l'autel d'Abel
et le mystère s'accomplit
une nouvelle Pâque
et toi, un autre Christ

Urne de miséricorde
ton corps-sacrement s'écroule sur le sol
patène sainte
ton sang s'écoule sur la terre
calice sacré

La création communie au Prince de vie en toi
t'ensevelie en ses entrailles de tendresses

Gestation de résurrection
action de grâce

Voici que, secrètement
tu fécondes la terre de toi-même
voici que, par toi, surgit
une moisson d'épis humains

Juda et Samarie se retrouvent
à jamais réunies
aux Noces du Grand Prêtre
Saba est aux pieds du nouveau Salomon
une seconde Pentecôte s'annonce

Étienne
ton service est sur terre, accompli
près du premier Pasteur
un autre au ciel
commence

Sans fin

THE GREAT LITURGY

The time of the great liturgy has arrived for you

Standing in front of everyone, draped in the Spirit
you proclaim the Great News
Stephen

"Now, heavens are open
standing to the right of the Most High
the Son of man is there
King and Lord !"

Shock

Silence

Beginning of the final offertory
your body is the host
your blood is the wine

Freely, without resistance
you bring the offering at the altar of Abel
and the mystery is being accomplished
a new Passover
and you, another Christ

Urn of mercy
your body-sacrament collapses on the ground
holy paten
your blood flows over the earth
sacred chalice

Creation communes to the Prince of life in you
buries you in her womb of tenderness

Pregnancy of resurrection
thanksgiving

Here, secretly
you impregnate the earth of yourself
here, from you, arises
a harvest of humane ears

Judah and Samaria meet up
forever reunited
at the Wedding of the High Priest
Saba is at the feet of the new Solomon
a second Pentecost is announced

Stephen
your service is, on earth, accomplished
near the first Pastor
another in heaven
begins

Endless

APÔTRES

Envoyés du Vivant
messagers de l'Heureuse Nouvelle
partis aux quatre horizons de l'histoire
ils l'écriront d'une encre éternelle

Par leur sang, ils proclament
ta promesse de salut
par leur mort, ils sèment sans frayeur
l'espérance de résurrection

Témoins de l'Aube attendue
fondations de la Cité-Épouse
leur voix résonne comme le tocsin d'un monde vieilli
l'annonce d'un verger retrouvé

Bergers de l'Agneau
ils ont laissé les rives d'une vie fanée
pour un océan miroitant le Matin
dans le sillage de leurs voix
un nouveau jour se revêt de printemps

Ils se dressent, juges des nations
pour les réconcilier en ta miséricorde
écraser la haine des peuples
comme un crâne de serpent
par la paix du Royaume

enfin venu
et encore attendu

En leur milieu se dresse l'inattendu
la surprise, le surpris de l'Esprit
celui dont le renversement renversa toute règle
Saul, le roi déchu
devenu Paul

Quand le Souffle s'engouffra dans son cœur
elle culbuta l'Église
quand l'Esprit pénétra ses lèvres
elle se fit sceau de l'Heureuse Nouvelle
dévoilement du feu transfigurant sa route

Car ses paroles étaient pleines du Verbe
glaive perçant les secrets aux cœurs
pour les bruler de Vie

Son vrai martyr ne fut pas sa mort
mais de contenir à chaque instant
le brasier qui embrasait son être
l'envoyant toujours plus loin
en l'attirant toujours plus près
sans fin

Et son brasier embrasa les siècles

APOSTLES

Envoys of the Living
messengers of the Happy News
gone to the four horizons of history
they will write it with eternal ink

By their blood, they proclaim
your promise of salvation
by their death, they sow without fear
the hope of resurrection

Witnesses of the expected Dawn
foundations of the City-Bride
their voice resounds like the tocsin of an old world
the announcement of a rediscovered orchard

Shepherds of the Lamb
they have left the shores of a faded life
for an ocean shimmering the Morning
in the wake of their voices
a new day is dressed in spring

They stand, judges of the nations
to reconcile them in your mercy
crush the hatred of peoples
like a snake skull
by the peace of the Kingdom

finally here
and still to come

In their midst stands the unexpected
the surprise, the surprised of the Spirit
the one whose overthrow overturned all laws
Saul, the fallen king
who became Paul

When the Breath rushed into his heart
she tumbled the Church
when the Spirit penetrated his lips
she made herself the seal of the Happy News
unveiling of the fire transfiguring his path

For his words were full of the Word
sword piercing the secrets of the hearts
to burn them with Life

His true martyr was not his death
but to contain every moment
the blaze engulfing his being
always sending him further
by drawing him ever closer
unendingly

And his blaze ignited the centuries

RACONTEZ-NOUS

Étoiles du mystère, anges à l'encre de sang
dont la lumière écrira les siècles et continents
racontez-nous la Palestine au radieux de l'histoire

Racontez-nous le Fils de l'Alliance
prenant visage en sa mère
devenant pont d'éternité entre deux mondes

Racontez-nous la nuit
où une crèche se fit berceau de la Nouvelle Vie
devant des bergers ébahis de bonheur

Racontez-nous l'instant
où un fleuve devint
tombeau et source de printemps
ouverture d'avenir

Racontez-nous le temps
où deux mains s'abaissèrent
vers les plaies des plus pauvres
pour y verser l'Esprit

Racontez-nous le jour
où les oiseaux dansèrent les Béatitudes
accompagnant de leur louange le Poète

Racontez-nous ce temps
où le Peintre chantait des paraboles de lumière
semant son Royaume à plein cœur

Racontez-nous les nuits
quand sur le long piano de la prière
le Fils jouait dans les deux yeux du Père
à oublier l'instant qui coule

Racontez-nous le soir
où le désert du monde a fleuri de l'Église
dans l'oasis d'un cénacle

Étoiles de la nuit
racontez-nous le jour où le fruit
s'est étendu sur l'arbre
pour s'y livrer en pain de vie

Racontez-nous l'instant
où deux mains se sont trouées d'aimer
pour offrir, en leur creux
la boisson du pardon

Racontez-nous ce jour
où sur la croix
l'océan de l'amour a perdu ses rivages
s'étendant en une immensité
ultime

Étoiles
racontez-nous l'aurore

où l'habit de beauté, éblouissant d'Esprit
a revêtu le Verbe
où la mort s'est noyée dans le chant du Soleil

Racontez-nous le jour
où il s'est élevé dans la crypte du temps
rayonnant l'invisible

Racontez-nous cette heure
où son Feu embrasa la parole humaine
jusqu'aux lointains de l'histoire

Étoiles du Royaume, étoiles du mystère
racontez-nous encore
racontez-nous
sans fin

TELL US

Stars of mystery, angels whose blood ink
and light will write centuries and continents
tell us Palestine at the radiant of history

Tell us the Son of the Covenant
taking face in his mother
becoming eternity bridge between two worlds

Tell us the night
when a manger became cradle of New Life
in front of shepherds amazed with happiness

Tell us the moment
where a river became
tomb and source of spring
openness to the future

Tell us the time
when two hands lowered themselves
towards the wounds of the poorest
to pour in them the Spirit

Tell us the day
where the birds danced the Beatitudes
accompanying with their praise the Poet

Tell us this time
when the Painter sang parables of light
sowing his kingdom wholeheartedly

Tell us the nights
when on the long piano of prayer
the Son was playing in the eyes of the Father
to forget the moment that flows

Tell us the evening
when the desert of the world bloomed the Church
in the oasis of a cenacle

Stars of the night
tell us the day when the fruit
has laid down on the tree
to give itself as bread of life

Tell us the moment
when two hands were holed for loving
to give in their hollow
the drink of forgiveness

Tell us that day
when on the cross
the ocean of love has lost its shores
stretching out into an immensity
ultimate

Stars
tell us the dawn

when the dress of beauty, dazzling with Spirit
has been put on the Word
when death drowned in the song of the Sun

Tell us the day
when he rose into the crypt of time
radiating the invisible

Tell us that hour
when his Fire kindled the human speech
to the far reaches of history

Stars of the Kingdom, stars of the mystery
tell us again
tell us
unendingly

TRAVAIL D'ENFANTEMENT

Tout travail est grandeur de notre humanité
pénétré de compassion luttant secrètement
contre la souffrance de l'Enfant
torturé au calvaire de l'histoire
combat contre le cri de sa détresse
étouffée par le bruit des rires insouciants

Et tout travail ne se fait qu'avec sa complicité
comme un compagnon d'épreuve
portant de sa prière, au profond des cœurs
toutes nos œuvres

Car en tout homme, c'est un unique charpentier qui
dans le cri de sa chair écorchée, de son esprit brisé
façonne le grand sacrement d'une action de grâce cosmique
en tout homme, c'est un même artisan
qui construit de sa croix la cité du ciel
c'est son amour qui, comme ancre invisible d'Esprit
soude toutes nos activités de créatures à son offrande
leur donnant leur poids d'éternité

Pétri par le Souffle qui sourd des profondeurs de l'âme
le monde se construit
cité du créé s'accomplissant en corps eucharistique

Par les mains de chacun
la matière s'illumine déjà des rayons de l'Aurore
déjà le Ressuscité vient palpiter
dans la pierre sculptée des cathédrales de nos labeurs
déjà il s'engouffre au secret du monde

Car la peine des hommes
s'écoulant de leurs mains exsudant leurs pleurs
est grosse de ta gloire
elle est enceinte d'une Jérusalem nouvelle
où les larmes deviennent diamants de joie

Baptisée au présent dans la sueur des hommes
la terre est en travail d'apocalypse

LABOR OF BIRTH

Every labor is greatness of our humanity
full of compassion struggling secretly
against the suffering of the Child
tortured on the calvary of history
fight against the cry of his distress
muffled by the sound of careless laughter

And every labor is only done with his complicity
as companion of our test
carrying with his prayer, in the depths of hearts
all our tasks

For in every person, there is only one carpenter who
in the cry of his skinned flesh, of his broken spirit
shapes the great sacrament of a cosmic thanksgiving
in every person, he is the same craftsman
who builds with his cross the city of heaven
it is his love that, invisible anchor of the Spirit
binds all our activities of creatures to his offering
giving them their weight of eternity

Shaped by the Breath that wells up from the depths of the soul
the world is being built
city of the created fulfilling itself in eucharistic body

By the hands of everybody
matter is already illuminated with the rays of Dawn
already the Risen comes to throb
in the sculpted stone of the cathedrals of our works
already he is engulfed in the secret of the world

Because the pain of people
flowing from their hands exuding their cries
is pregnant with your glory
is pregnant with a new Jerusalem
where tears become diamonds of joy

Baptized now in the sweat of people
the earth is in labor of revelation

VIENS !

Viens !

L'horizon du monde se bouche de sa profondeur sacrée
le merveilleux mystère de ta vie
ne peut plus s'écouler en nos cœurs refermés sur eux-mêmes

Viens !

L'obscurité seule recouvre à présent nos paupières
épaissies de nous-mêmes
l'œil de l'homme s'est éteint dans sa nuit de penser

Viens !

La vérité, toute fripée de vieillir au musée
s'apprête à être jetée aux flammes d'un autodafé
les pages du Livre se collent de n'être plus ouvertes
le Cahier de la Vie s'est froissé
comme un papier écrit que l'on ne veut plus lire

Viens ! Viens ! Viens !

Il n'est que ton Esprit pour encore casser
nos carapaces pétrifiées par le froid
nous ouvrir à nouveau à l'Amour

Viens !

COME!

Come!

The horizon of the world is blocked of its sacred depth
the wonderful mystery of your life
can no longer flow in our hearts closed in on themselves

Come!

Darkness alone covers now our eyelids
thickened with ourselves
everyone's eye is turned off in their night of thinking

Come!

The truth, all wrinkled from aging in a museum
is about to be thrown into the flames of an autodafé
the pages of the Book stick together from no longer being open
the Notebook of Life has creased
like written paper that we don't want to read anymore

Come! Come! Come!

There is only your Spirit to break again
our shells petrified by the cold
open ourselves again to Love

Come!

R.I.P.

L'hiver a changé l'arbre
le vêtement de Noces s'est mué en chasuble de glace
et l'orgue s'est éteint dans le cri du silence

Les anges ont chanté le cantique des larmes
l'autel est vide des cierges de ton rire
du calice de tes lèvres
la patène s'est brisée à la place du pain

Mais les traits de ton visage
restent gravés sous mes mains
et leurs paumes gémissent
orphelines de ton parfum

Je t'ai offert à ton futur
en restant vide de mon présent
comme un linceul d'éternité
qui gît sans vie
sur la couche des souvenirs

R.I.P.

A l'hiver répondra le printemps
mais que cet hiver est long
et le printemps loin

R.I.P.

Winter has changed the tree
the Wedding garment has transformed in a chasuble of ice
and the organ died out in the cry of silence

The angels sang the song of tears,
the altar is empty of the candles of your laughter
of the chalice of your lips
the paten is broken instead of bread

But the features of your face
remain engraved under my hands,
and their palms moan
orphans of your perfume

I offered you to your future
while remaining empty of my present
like a shroud of eternity
that lies without life
on the bed of memories

R.I.P.

Spring will respond to winter
but how long is this winter
and the spring away

GRAIN DE LUMIÈRE

Comme un grain de lumière s'ouvrant sur le Royaume
une âme s'est éclose, bouton d'éternité

Ouvrant ses bras à la rencontre du Dieu des Noces
elle s'est épanouie dans les gouttes d'une aurore-amour

La voici lumière, l'œil riant de ton bonheur
unissant sa clarté de silence à l'hymne de ta beauté

Le cortège des étoiles en fête, l'auréole de la lune
jouent les reflets de l'Infini
car dans l'au-delà de notre nuit, une âme est née dans la naissance
du Fils
et la soif de son regard s'est remplie de ta présence

Epousée du Soleil, ravie dans son Souffle
le germe de ta vie a déployé en plénitude ses pétales
et ses gerbes de sourires irradient ta joie
sur les mondes endoloris

Je contemple tes mains
creusées comme un berceau sacré
elles recueillent le corps
pour le blottir en ta tendresse

Père
dans le secret de l'aube éternelle

tu renouvelles la folie des premiers mots d'amour
au profond de la chair monte, invisible, la sève de ta vie

Ainsi, bien qu'attendant encore le temps de ta victoire finale
dans le repos paisible de son espérance
déjà ton enfant se fleurit de toi

Comme un grain de lumière s'ouvrant sur le Royaume
une âme s'est éclose, bouton doré de ton éternité

BEAN OF LIGHT[17]

Like a bean of light opening onto the Kingdom
a soul has blossomed, button of eternity

Opening her arms to the encounter of the God of Wedding
she flourished in the drops of a dawn-love

She is now light, the eye laughing in your happiness
uniting her clarity of silence to the anthem of your beauty

The procession of stars in celebration, the halo of the moon
play the reflections of the Infinite
for in the beyond of our night, a soul is born in the birth of the Son
and the thirst of her gaze is filled with your presence

Wedded to the Sun, enraptured in his Breath
the sprout of your life has fully unfolded her petals
and her bouquet of smiles radiate your joy
on aching worlds

I contemplate your hands
hollowed out like a sacred cradle
they collect the body
to snuggle it up in your tenderness

---

17. Although "soul" is neutral in English, it has been here personalized in a "she" and compared to a star and a flower marrying the sun. The poem was first written after the passing of a lady.

Father
in the secret of the eternal dawn
you renew the madness of the first words of love
deep in the flesh mounts invisible
the sap of your life

Then, although still waiting the time of your final victory
in the peaceful rest of her hope
already your child blooms of you

Like a bean of light opening onto the Kingdom
a soul has blossomed, golden button of your eternity

APOCALYPSE

Dans l'éclat d'un rugissement, les pustules de pierre se sont trouées
la terre vomit son sang de lave par tous ses volcans ouverts
elle crache son cœur dans des scories d'entrailles embrasées
elle frémit en son corps sur le lit d'agonie de ses derniers instants
des éclairs fracassent les crânes des forêts, le tonnerre écrase de son cri la lumière du jour
et tandis que le feu court de joie sur les flancs des montagnes tremblantes de terreur
le vent hurle frayeur, fuyant à travers les cadavres d'arbres calcinés
l'océan se soulève à l'assaut de la sèche, détruisant la limite des origines
ses armées de brisants se ruent sur elle sans perdre rage
un cynique cyclone à l'œil impossible pousse du pied sa muraille de mort
alors que les rivages, broyés dans des sueurs livides, succombent déjà
les cités s'engouffrent dans les profondeurs
visages figés d'horreur, regards fixés d'angoisse, tous les êtres se terrent
les ténèbres ont détruit les étoiles et entravé l'astre dans sa course
l'univers s'est drapé dans un immense linceul noir aux dimensions de l'horizon
aurais-tu donc, ô Dieu, déclaré couvre-cœur à toute créature
le ricanement séculaire retentit à travers les espaces
s'acclamant en sa propre victoire qu'il proclame déjà
le combat, le grand

le dernier
a commencé
la terre est en travail des corps ressuscitant
combien sont-ils, Seigneur, ceux qui restent debout en attente de toi

Soudain, dans le ciel
surgit ton signe

Le grand son du shofar transperce les espaces
déjà les premiers corps sortent de leurs tombeaux
et l'Agneau-Seigneur, drapé de toute majesté, paraît sur les nuées, entouré d'anges
l'épée de sa Parole atteint le Dragon en plein orgueil
l'enterrant vivant au fond de sa folie
l'instant du jugement vient rejoindre l'histoire
l'éternité s'unit au temps en une telle étreinte qu'elle fait éclater le cocon de vétusté
un monde nouveau est façonné dans l'argile de ses cendres
brillant de ta beauté
de ta toute bonté

REVELATION[18]

In the burst of a roar, the pustules of stone are perforated
the earth vomits its lava blood by all its open volcanoes
she spits her heart out in the slag of burning entrails
she quivers in her body on the bed of agony of her last moments
lightning shatters the skulls of forests, the thunder crushes the light of day with its cry
and while the bonfire runs with joy on the sides of mountains trembling with terror
the wind howls fear, fleeing through charred tree corpses
the ocean rises to attack the drought, destroying the limit of origins
its armies of breakers rush upon her without losing rage
a cynical cyclone with an impassive eye pushes its wall of death with its foot
as the shores, crushed in livid sweats, already succumb
the cities sink into the depths
faces frozen in horror, stares paralyzed of anguish, all beings hide
the darkness has destroyed the stars and hindered the sun in its course
the universe is wrapped in an immense black shroud to the dimensions of the horizon
would you have, oh God, declared the curfew of your heart to any creature
the age-old sneer echoes through the spaces
cheering in its own victory that it already proclaims
the fight, the big one

---

18. In the poem, the earth is personalized as a "she."

					the last
				has begun
		the earth is in labor of resuscitating bodies
how many are they, Lord, those who remain standing and expect-
						ing you

					Suddenly, in the sky
					arises your sign

		The great sound of the shofar pierces space
		already the first bodies come out of their graves
and the Lamb-Lord, draped in all majesty, appears on the clouds,
					surrounded by angels
		the sword of his Word strikes the Dragon in its pride
			burying him alive in the depths of its madness
				the moment of judgment joins history
eternity unites with time in such an embrace that it bursts the
					cocoon of obsolescence
			a new world is shaped in the clay of its ashes
					shining with your beauty
					of your only goodness

(SANS TITRE)

Tu m'as regardé
et ton sourire a fauché ma vie

Ainsi commença ma longue marche

Et je marchais, marchais
marchais vers toi
du moins essayais-je, du moins le croyais-je
je marchais vers toi
lentement
péniblement
courbé par l'ancre de l'âge
vieilli par le péché
un peu écrasé sous le poids d'un passé
dont j'aurai tant voulu me débarrasser
mais qui me collait au corps
comme une bosse encombrante
toujours plus lourde
toujours plus pesante

Ce n'était plus la course hors d'haleine des premiers amours
mais la montée douloureuse du boiteux
avec ses deux bâtons trouvés en chemin

Et je me suis arrêté
épuisé

essoufflé
le cœur amer
le Royaume était trop loin pour moi
jamais je n'y pourrai aller

J'allais mourir
et la course s'achèverait
pour toujours

Peut-être était-ce là l'enfer
une route sans cesse poursuivie
et dont le but espéré n'était jamais atteint
pour l'éternité

Quand je me suis endormi
d'un étrange sommeil
ou plutôt
un étrange sommeil s'empara de moi
comme celui d'un enfant

Je vis alors devant moi
la Cité du Royaume
belle et majestueuse
immense

Je m'avançais sans comprendre
comment la Cité pouvait-elle être si proche
sans que je ne l'ai vue avant

Toute ma vie je l'avais cherché
toute ma vie j'avais épuisé mes forces
pour l'atteindre
jusqu'à ne pouvoir faire un pas de plus
jusqu'à ne plus pouvoir prier
et c'est alors qu'elle m'apparaissait
dans sa splendeur
comme si toujours elle avait été devant moi
mais que mon regard endurci par sa recherche
était devenu un mur qui ne l'avait pu voir

Un grand et beau jeune homme
debout à l'entrée
me fixa de son regard intense et doux
et j'entendis alors ces paroles

« Voici la Cité des pauvres
nul n'y peut entrer qui croit pouvoir y pénétrer
c'est la Cité du Don d'en-haut
la Ville de la Miséricorde »

L'ange sourit
il m'indiqua de sa main ouverte l'entrée

L'eau coulait
abondante
paisible
riche et précieuse
d'une source si belle
qu'elle m'aveuglait de splendeur

Et je vis

L'épreuve avait transpercé ma vie
mais à présent
la souffrance se figeait, sans poids ni présence
et je sus
dans son ombre avait toujours brûlé ta présence
l'obscurité des nuits n'avait exister que dans mes yeux
car tout avait toujours été lumière pleine de toi

Et les mots s'illuminèrent en s'éteignant
devenant lumière en se faisant silence
devant ta beauté
un chant de plénitude
comme un commencement
recommençant toujours nouveau
toujours plus plein
toujours plus grand
infiniment infini de
l'infini de

Toi

(WITHOUT A TITLE)

You looked at me
and your smile reaped my life

Then begun my long walk

And I was walking, walking
walking towards you
or somewhat I was trying, at least I thought
I was walking towards you
slowly
painfully
bent by the anchor of age
aged by sin
a little crushed under the weight of a past
that I would have liked so much to get rid of
but which stuck to my body
like a cumbersome bump
always heavier
always weightier

It was no longer the breathless race of first love
but the painful ascent of the lame
with their two sticks found along the way

And I stopped
exhausted

breathless
with a bitter heart
the Kingdom was too far for me
I could never go there

I was going to die
and the race would end
for ever

Maybe that was hell
an unceasingly pursued road
whose hoped-for destination was never reached
for eternity

And I fell asleep
in a strange sleep
or rather
a strange sleep seized me
like that of a child

Then I saw in front of me
the City of the Kingdom
beautiful and majestic
immense

I was walking forward without understanding
how could have been the City so close
without being seen by me before

All my life I had been looking for it
all my life I had exhausted my strength
to reach it
until I couldn't take another step
until I couldn't pray anymore
and that's when it appeared to me
in its splendor
as if it had always been in front of me
but that my gaze hardened by its search
had become a wall that couldn't see it

A tall, handsome young man
standing at the entrance
stared at me with his intense and gentle gaze
and then I heard these words

"Here is the City of the poor
no one can enter it who thinks can enter it
it is the City of the Gift from above
the City of Mercy"

The angel smiled
he showed me the entrance with his open hand

The water was flowing
abundant
peaceful
rich and precious
from a source so beautiful
that it blinded me with its splendor

And I saw

Test had pierced my life
but now
pain froze, without weight nor presence
and I knew
in its shadow had always burned your presence
the darkness of the nights existed only in my eyes
for everything was always light filled with you

And the words lit up being turned off
becoming light by turning into silence
before your beauty
a song of fullness
like a beginning
always starting anew
perpetually fuller
perpetually bigger
infinitely infinite of
the infinite of

You

www.ingramcontent.com/pod-product-compliance
Lightning Source LLC
Chambersburg PA
CBHW071227170426
43191CB00032B/1062

The New Testament is crossed by an incredible narrative tension. The poetic language allows this tension to be highlighted: it paints the features of an epic of salvation through plays of images, symbols, and emotions, and gives the texts a new intensity. While this collection does not require any preliminary biblical knowledge, the latter will help to grasp its full meaning. The reader can choose a systematic reading from the beginning or go directly to the heart of the collection by reading the poems concerning the passion and resurrection, starting from "Gethsemane." They will then understand what reading the book can bring them. As with the collection *Beginnings*, which precedes it, the poems are given in the original language they were first written (French) and in their translation into English. The people who can read French will be able to appreciate the musicality inherent in their composition. The English reader will be able to appreciate the general aesthetics of the images and the description of the emotions faithfully rendered by the translation.

Thierry Guillemin lived for twenty years as a semi-hermit in a contemplative setting, before receiving a more apostolic call. He is now a minister of the Church of England.

COVER DESIGN: Savanah N. Landerholm
www.wipfandstock.com

Resource Publications
An imprint of *Wipf and Stock Publishers*

ISBN 979-8-3852-1756-4